GUIA
NÃO FAÇA TEMPESTADE
PARA PAIS

BIBLIOTECA
NÃO FAÇA TEMPESTADE

GUIA
NÃO FAÇA TEMPESTADE
PARA PAIS

Reduza o estresse e curta mais seus filhos

Pelos editores da série
NÃO FAÇA TEMPESTADE

Apresentação
RICHARD CARLSON, Ph.D.

Tradução de
MYRTHES LAGE

Título original
THE DON'T SWEAT GUIDE FOR PARENTS
Reduce Stress and Enjoy Your Kids More

Copyright © 2001, Carlson, LLC.
Originalmente publicado nos EUA e no Canadá pela Hyperion.
Tradução publicada mediante acordo com a Hyperion.

Direitos para a língua portuguesa reservados
com exclusividade para o Brasil à
EDITORA ROCCO LTDA.
Rua Rodrigo Silva, 26 – 4º andar
20011-040 – Rio de Janeiro – RJ
Tel.: (21) 2507-2000 – Fax: (21) 2507-2244
rocco@rocco.com.br
www.rocco.com.br
Printed in Brazil/Impresso no Brasil

preparação de originais
FÁTIMA FADEL

CIP-Brasil. Catalogação-na-fonte.
Sindicato Nacional dos Editores de Livros, RJ.

G971

Guia Não faça tempestade para pais: reduza o estresse e curta mais seus filhos/pelos editores da série Não faça tempestade; apresentação Richard Carlson; tradução de Myrthes Lage. – Rio de Janeiro: Rocco, 2004.
– (Biblioteca Não faça tempestade)

Tradução de: The don't sweat guide for parents: reduce stress and enjoy your kids more
ISBN 85-325-1683-1

1. Responsabilidade paterna. 2. Crianças – Formação. 3. Pais e filhos. 4. Família. 5. Paz de espírito. I. Título: Não faça tempestade para pais. II. Série.

04-0241

CDD – 649.1
CDU – 649.1

SUMÁRIO

Prefácio 11
1. O trabalho mais árduo do mundo 13
2. A nova posição dos pais 15
3. Nada pior do que crianças ruins 18
4. Mamãe sabe mais... ou ela faz mais? 20
5. Você mudou (e não foram apenas fraldas) 23
6. Lutas pelo poder 26
7. A frustração do seu filho na fase pré-escolar 28
8. Porque eu disse assim 31
9. Por favor, agradeça e caia fora! 33
10. Imitar a fala dos bebês 36
11. Inversão de papéis tradicionais 38
12. Saindo em público com seu filho 41
13. "Eu amo você!" 44
14. Quando seus filhos não são nada amáveis 46
15. Deixe-o vencer... algumas vezes 49
16. Uma receita de paz 51

17. Transmita o vírus do exercício..................................... 54
18. Ensinando às crianças o cuidado com seus semelhantes.. 56
19. Hora de dormir – ou falando mais claramente, Apocalipse 59
20. Transformando a rivalidade entre irmãos em cortesia   62
21. Convoque seus filhos para uma reunião de família.... 64
22. Valorizando seus filhos... 67
23. Manter um nível mínimo de expectativas.................. 69
24. Educar filhos moralmente... 71
25. Não blefe – para prover felicidade............................. 73
26. São as pequenas coisas que importam....................... 76
27. Exterminadores de estresse... 79
28. Ouça os especialistas 82
29. Organize sua vida 85
30. Não esconda seus sentimentos.................................... 88
31. Sobrevivendo à ansiedade da separação.................... 91
32. Criando filhos sem mimos.. 94
33. Quem afinal manipula a atenção de nossos filhos? 96
34. Use o errado para ensinar o certo 98
35. Dê apoio às meninas 100
36. A importância das babás... 103
37. Releve um pouco as atitudes do seu adolescente........ 106
38. Curta seus filhos como se cada dia fosse especial...... 108
39. Conselhos a *não* serem seguidos!................................ 110

40. "De quem você gosta mais?" 113
41. Escolha sabiamente as palavras 116
42. Noite de jogo em família 119
43. Sobreviver às férias em família 121
44. Seja sempre educada! 124
45. "Não fui eu" 127
46. Trabalho em tempo integral 130
47. Aja, não reaja, ao mau comportamento do seu filho .. 133
48. Viva temporariamente em função do bebê 135
49. Criando crianças espertas 138
50. Quando a supermãe se sente por baixo 140
51. Como criar crianças dóceis 143
52. Controlando o temperamento... o seu! 145
53. Ensinando responsabilidade às crianças 148
54. O jardim-de-infância e a agitação do primeiro dia 151
55. Há um fofoqueiro na família? 154
56. Mantendo seus filhos seguros 156
57. Convivência com os avós 159
58. Elogios x estímulo 161
59. A mãe que trabalha fora x A mãe que fica em casa com os filhos 163
60. Quando o pai se sente desautorizado 166
61. Sinto muito 168
62. Um pai ou uma mãe sozinho tem a função dobrada ... 170
63. Crianças agradecidas 173

64. Momento precioso: pare tudo e leia! 175
65. Você está ficando com sono 177
66. A ilusão do encontro perfeito 180
67. Ache graça 182
68. Sair de casa 184
69. Tempo para ficar a sós 186
70. Permita o convívio com outras crianças 188
71. Ensinar a ter bom senso 190
72. Fazendo com que seu filho na primeira infância o atenda 192
73. Grandes histórias de gente pequena 195
74. Batendo "um papo" com seus filhos 197
75. É a vez do casal 199
76. Cuide do seu filho único e pronto 201
77. Prazer em dobro! 203
78. Hora do dever de casa 206
79. Registre o momento 208
80. Regra número 1: As mães não podem ficar doentes! . 210
81. Vocês não são superpais! 212
82. Especialize-se na criação de filhos 214
83. Levando as crianças para jantar fora 216
84. Converse com seu filho adolescente 219
85. Converse com sua filha adolescente 221
86. Um lugar só deles 224
87. Dê comida saudável aos seus filhos 226

88. Cuide do seu filho doente 229
89. Disciplinar de forma positiva..................................... 231
90. Completando uma frase 234
91. Conseguindo a cooperação dos filhos....................... 237
92. Monitorando a "telinha" 240
93. Que absurdo!... 243
94. Sozinhos em casa... 246
95. Para que estamos treinando?..................................... 248
96. Recuperando a individualidade de quando não tinha filhos 251
97. Assim é a vizinhança 254
98. Vencendo a mania de choramingar 256
99. Não os suborne, ofereça recompensas 258
100. Concentre-se no futuro 260

PREFÁCIO

A maternidade e a paternidade talvez sejam o trabalho mais recompensador e divertido que uma pessoa pode desempenhar na vida. Infelizmente, é também uma das empreitadas mais difíceis, se não a mais estressante que alguém poderia exercer. Mas, não há nada a temer! Os editores da série "Não faça tempestade em copo d'água" fizeram um belo trabalho, providenciando estratégias simples, práticas e inteligentes que podem aliviar um pouco a pressão de sermos pais. Esteja você apenas iniciando sua jornada, esperando a chegada do primeiro bebê, ou tenha filhos pequenos, uma casa cheia de adolescentes ou mesmo que seus filhos estejam fora de casa, *Não faça tempestade para pais* será de enorme utilidade para você.

As estratégias foram escritas para capacitá-lo e lhe fornecer mais opções e soluções. Elas lhe fazem lembrar que há coisas que podem ser feitas para aliviar um pouco o estresse, ao exercer a função de pai ou mãe. As estratégias evidenciam o fato de que, mesmo que um pouco de estresse seja inevitável, o restante dele (ou pelo menos uma parte) é freqüentemente criado por nós mesmos. Em outras palavras, usamos nossa imaginação para nos colocarmos em posições diferentes das que queremos. À medida que nos conscientizamos de que estamos agindo assim, abrimos as portas para um mundo de opções. A paz de espírito se faz presente e com ela a maternidade e a paternidade tornam-se mais fáceis.

Para mim, particularmente, ser pai é a parte mais importante da minha vida. Apesar das dificuldades, eu e Kris tentamos tomar decisões e criar uma atmosfera que permita aos membros da nossa família se apreciarem mutuamente e gozarem a vida. Lendo as estratégias propostas neste livro, tive minhas idéias reforçadas. Peguei-me dizendo: Se fizesse isso... minha vida como pai seria mais fácil. Pretendo reler este livro diversas vezes e fazer o máximo para colocar as sugestões em prática. Eu o incentivo a fazer a mesma coisa. Creio que se fizermos, seremos todos melhores pais – e mais felizes.

Obrigado pelo trabalho que você está desempenhando como pai ou mãe pelo seu compromisso com seus filhos. Espero que este livro tenha uma tremenda utilidade para você.

Treasure the Gift of Parenting,
Richard Carlson
Pleasant Hill, CA, junho de 2001

1
O TRABALHO MAIS ÁRDUO DO MUNDO

Existe uma nova pessoa vivendo em sua casa – uma nova pessoa exigente que, mesmo sendo bem pequena, parece tomar conta de *toda* a casa. E, subitamente, entre os cuidados com a roupa do bebê, com sua alimentação e asseio, você percebe que ainda não preparou o jantar, não tomou banho, deixou de responder a algumas chamadas telefônicas ou mesmo de ir ao banheiro, algumas vezes, durante um dia inteiro, mas tudo isso pode esperar. Você é compelida a cuidar de todas as necessidades do seu novo bebê.

Bem-vinda ao trabalho mais árduo do mundo: criar filhos. Certamente, você não tem nenhum salário no fim da semana e, pelos dois primeiros anos, não há nenhum período de férias de verdade. Mas, reconhecidamente, as recompensas de se ter um filho são imensas.

Então, como se sair bem no novo ofício de mãe? Para alguns, ter filhos é uma carreira adicional, não uma nova. Mas será que é possível encaixar na rotina diária todas as coisas que precisam ser feitas quando se tem um bebê novo e, talvez, um emprego das nove às cinco da tarde? O que se faz com a pilha de pratos ou a roupa suja transbordando? Em resumo, qual é o segredo para se conseguir resolver tudo?

A chave é o gerenciamento do tempo! O novo bebê estabelece diariamente uma série de desafios e obstáculos. A missão da mãe é superar cada um e todos eles. Aprender a gerenciar o tempo, considerando "as necessidades" do bebê, demandará algum tempo. Mas, quando o clique acontece e se aprende a priorizar as responsabilidades, como em qualquer trabalho, fica bem mais fácil.

E quanto aos pratos? Deixe para lá! A roupa suja? Tente colocar o bebê sentado em cima da secadora, em funcionamento, enquanto você dobra as roupas lavadas.

Apenas lembre-se do grande privilégio que terá no novo ofício de tempo integral: o amor infindável e incondicional que receberá do seu filho. O que poderia ser melhor?

2
A NOVA POSIÇÃO DOS PAIS

Não é difícil assimilar o novo ritmo de vida dos pais, e as escalas podem ser um recurso útil para que tarefas importantes sejam delegadas. Quando novos pais sentem os efeitos da privação do sono, alimentar, trocar fraldas, levantar à noite para cuidar do bebê ou mesmo brincar com ele passa a ser "responsabilidade". É normal que tanto você quanto seu marido adorem a criança e que tenham prazer em ficar com ela tanto tempo quanto possível. Mas somam-se fatores externos como trabalho, sono ou falta deste, e a necessidade de cozinhar, limpar, fazer compras e ainda o fato de que mesmo os pais mais dedicados podem gostar mais de ver televisão do que de brincar de esconde-esconde depois de um longo dia. Um pouco de delegação pode mudar tudo isso e aliviar o fardo para os estressados papais e mamães.

Após terem passado as primeiras semanas com um recém-nascido, há chances de que vocês saibam os pontos fortes e fracos de um e outro em relação aos cuidados com o pequeno.

Mas não permitam que a destreza dos dois em cada tarefa decida quem vai executá-la. É importante variar um pouco. Se você passou noites seguidas cantando "nana nenê", provavelmente deseja parar. Uma boa idéia seria deixar seu marido escalado e recuperar-se – a última coisa que vocês querem é pensar em cantar para o bebê em coro. Ambos devem ter a oportunidade de aprender o que ele gosta de ouvir e, dessa forma, aumentar sua habilidade para confortá-lo.

É importante também criar algumas regras, como por exemplo: quem sair para o escritório de manhã dá a última mamadeira, antes de ir para a cama, então dorme até a manhã seguinte e promete "assumir" assim que voltar para casa.

Digamos que você seja uma mãe que não trabalha fora e que passe o dia todo cuidando das necessidades do bebê. Quando seu marido chega do trabalho e se oferece para levar seu filho para umas voltas pela vizinhança, não reclame só porque é hora do banho do bebê e você precisa seguir uma rotina. Você foi o provedor o dia inteiro. Agora é a vez de ele ficar um pouco com a criança. Deixe-os sair. Se o banho for necessário, deixe que ele banhe a criança e depois saiam para um passeio. Curta plenamente seu momento a sós e use a oportunidade para "se reabastecer".

Normalmente, é difícil para o provedor principal abrir mão de alguma responsabilidade, pois quem troca fraldas o dia inteiro sabe como fazê-lo melhor ou mais rápido. Mas a habilidade para renunciar a responsabilidades é um dos fatores mais importantes de uma sociedade bem-sucedida. Deixando seu marido cuidar do bebê, mesmo que você saiba fazê-lo melhor, mais rápido ou mais tranqüilamente, dá a ele a prática necessária ao sucesso e constrói confiança enquanto o faz.

3
NADA PIOR DO QUE CRIANÇAS RUINS

Você tem uma "criança difícil"? Sua filha tem acessos de fúria sem nenhuma razão particular? Seu filho se recusa a comer? Cerca de 20% das crianças fazem com que seus pais enlouqueçam com seu comportamento exasperado. Ter uma criança como esta pode deixá-la exausta, deprimida e insegura quanto à sua capacidade de ser mãe, com raiva de crianças e confusa pelo comportamento delas perante outras pessoas.

Há alguns anos, foram desenvolvidas pesquisas que provaram que a maior culpa das crianças "malcriadas" não cabe aos pais, na realidade elas já nascem com "qualidades temperamentais" determinadas. Estas podem ser percebidas bem cedo, quando os bebês ainda têm poucos meses! Também determinam com que intensidade o bebê será "dócil" ou "rebelde". Mesmo que outros fatores influenciem o comportamento da criança, na maioria das vezes isso permanece por toda a vida. Talvez a recusa do seu velho em comer deve-se em parte à teimosia... uma característica que ele certamente levará pela vida afora.

Independentemente do comportamento do seu filho, evite rotulá-lo como "bom" ou "mau". Não é culpa do bebê e tampouco sua ou do seu marido. É simplesmente a maneira como as coisas são! Vocês também nasceram com determinados traços de temperamento... É possível que algumas situações lhes deixassem ansiosos. É provável que você também tenha sido um bebê ansioso. Uma maneira como expressou sua ansiedade pode ter sido a incapacidade de dormir sem uma luz acesa.

Seja sensível ao temperamento do seu bebê desde cedo. Você pode assim modificar sua abordagem sobre o comportamento dele para antecipar ou evitar conflitos, antes que ocorram. Você ficará muito mais segura, ou muito menos frustrada, e terá um relacionamento mais feliz, mais amoroso e mais satisfatório com seu filho!

4
MAMÃE SABE MAIS...
OU ELA FAZ MAIS?

Quem sabe mais quando o assunto é desenvolvimento infantil? Na maioria das vezes, não é a mãe ou o pai quem mais sabe o que é melhor para o bebê. Não somos especialistas em crianças pela simples razão de sermos seus pais. Há várias coisas que não sabemos – e os recém-nascidos não vêm com manual de instruções. Por essa razão, é sempre melhor checar com especialistas, quando uma questão importante aparece. Os pais nunca devem sentir-se mal ou tolos ao consultar um livro ou pedir conselho para um amigo ou médico. Admitir que não sabe a melhor forma de lidar com algumas questões que dizem respeito aos filhos não é motivo para envergonhar-se.

Inúmeros estudos e pesquisas foram feitos sobre quase todos os aspectos da criação dos filhos. O resultado comum entre a maior parte deles foi que os pais são confusos e mal informados. Veja por exemplo a questão de mimar as crianças. Numa pesquisa, 57% dos pais de crianças entre zero e seis anos e 62% de todos os adultos participantes acreditavam, erroneamente, que um bebê de seis meses pode ser mimado. Soma-se a isso, 44% de pais de crianças pequenas que acreditavam incorretamente que pegar um bebê de três meses ao colo toda vez que ele chorar vai fazê-lo ficar mimado. De acordo com especialistas em desenvolvimento infantil isso é absolutamente errado. Quase em sua totalidade, eles concordam que se não pegamos bebês ao colo, quando estão chorando, podemos criar níveis de estresse e angústia, os quais podem em parte afetar a aprendizagem deles. Responder às necessidades dos filhos não é mimá-los – eles precisam de sua atenção para desenvolver a confiança em você, e se sentirem seguros.

Esses mesmos pesquisadores descobriram que muitos pais estão equivocados quanto ao desenvolvimento que pode ser esperado das crianças. Outro fator encontrado foi que mais da metade dos pais não sabe em que idade seus bebês podem perceber e serem afetados pelos humores dos outros. Por que isso é importante? Porque as pesquisas mostraram que, acima de tudo, a ansiedade e a depressão de quem cuida de um bebê podem ter um efeito prejudicial sobre o desenvolvimento dele.

O que isso demonstra é que todos temos muito a aprender sendo pais – mesmo que já tenhamos outros filhos! Alguns pais não têm certeza sobre o que fazer na hora de tomar decisões importantes quanto à criação dos filhos. Mas uma vez mais – não devem se sentir envergonhados. Por sorte, há especialistas, livros e médicos de família que possuem as respostas. Então, da próxima vez que tiver num impasse com seu marido sobre o que é melhor para seu filho, pare de discutir sobre quem sabe mais: pergunte à sua volta, leia ou ligue para o pediatra dele!

5
VOCÊ MUDOU
(E NÃO FORAM APENAS FRALDAS)

❧❧❧

Em algum momento após o nascimento do bebê, quase todos os pais são simplesmente atingidos por um duro impacto de realidade: eu sou pai! Eu sou mãe! Agora tenho novos objetivos pelos quais viver. Para alguns de nós, essa pequena epifania chega cedo, mesmo antes de deixarmos o hospital. Porém, para outros, o impacto pode chegar somente após alguns dias, semanas, ou mesmo meses. Mais cedo ou mais tarde, entretanto, todos acabamos por concluir que nossas vidas mudaram para sempre. Admita essas mudanças comuns que acometem a maioria dos pais bem cedo, e lembre-se de que elas são total e perfeitamente normais.

Confusão: Você é um novo pai/mãe? É possível que se sinta repentinamente confuso/a. Se há algo que faz a diferença entre os primeiros meses depois de seu filho nascer e os poucos anos que os seguem é a sensação de confusão e os freqüentes conflitos emocionais. Por exemplo, podemos sentir o vigor, o poder e o orgulho de ter criado uma nova vida. Mas por outro lado podemos também sentir impotência quando não conseguimos satisfazer as necessidades do novo bebê.

Amor: Você vai igualmente descobrir-se capaz de uma nova e diferente forma de amar. Certo, você ama seu cônjuge, mas o amor incondicional que repentinamente está sentindo por seu filho não é comparável ao amor que tem por qualquer outra pessoa. Você faria qualquer coisa para proteger essa criança, mesmo às custas de sua própria sobrevivência. Essa nova e poderosa emoção pode ser preponderante.

Depressão: Talvez você se sinta deprimida. Depressão pós-parto é uma experiência dura. Nas novas mamães, a depressão é quase sempre causada por problemas hormonais. Em papais novatos, pode ser proveniente de um golpe da realidade – com o bebê, chegam mais responsabilidades, tanto físicas quanto financeiras.

Medo: Os primeiros meses de paternidade/maternidade são repletos de temores. Você será capaz de proteger seu bebê? Saberá sempre o que é melhor para ele? Será um bom pai? Uma boa mãe? Isso tudo é normal e compreensível, e alguns desses temores perderão, com o tempo, a intensidade. À medida que aumenta sua experiência como mãe/pai, você torna-se mais seguro em tomar decisões e aprende a confiar em seus instintos.

Você já ouviu a expressão: *é bom mudar*? Agora é o tempo de vivê-la. Bebês mudam tudo. Sua vida será diferente agora –

diferente, porém *melhor*. Então, esqueça os temores e as ansiedades que vêm junto com as mudanças. Focalize-se no milagre que este novo ser trouxe para a sua vida. Pense sobre isso na próxima vez que seu recém-nascido adormecer em seu colo.

6

LUTAS PELO PODER

Alguns pais vivenciam pela primeira vez tentativas de autonomia de uma criança por volta dos dois anos de idade. É a partir daí que a criança sente-se desafiada, e muitas vezes começa uma batalha de vontades que pode perdurar por toda a infância até os dez anos. Tente transformar estas dificuldades em um período de recompensa e crescimento para todos os envolvidos, mudando sua perspectiva e tornando-se esperto e criativo em suas reações.

Por volta dos dois anos, a criança começa a se individualizar de seus pais e do mundo em sua volta. Ela insiste em decidir por si mesma, fazer do modo dela, declarando seu domínio e autoridade. Isso não é necessariamente ruim! Os pais devem ver esse comportamento como um sinal de saúde no desenvolvimento do filho. Em vez de suplantar o poder da criança – o que pode fazer com que as crianças pequenas tenham sentimento de impotência e, em contrapartida, fiquem agressivas –, veja essa luta pelo poder como um sinal positivo, e reduza o atrito entre você e seu filho.

Evite formular perguntas que possam ser respondidas com um "não". Tente lidar com a hora da soneca dessa forma: "Você quer tirar sua soneca com seu pijama ou com sua camisolinha?" "Você quer colocar sua cabeça para este lado da cama ou para o outro?" Dando escolhas para seus filhos, você está oferecendo a eles algum controle sobre a situação. Eles se sentirão como se tivessem poderes, não como se você estivesse exercendo poder sobre eles.

Sabendo de antemão os momentos em que as lutas de poderes entre você e seus filhos ocorrem, pode ajudar simplesmente a evitá-los. Dar mais poder aos filhos perante certas situações decisivas, como na hora de colocar o cinto de segurança, de ir para a cama ou de escovar os dentes, faz com que eles gostem de tarefas que normalmente odeiam fazer. Oferecendo a eles opções, você está fazendo com que se sintam especiais e amados.

7
A FRUSTRAÇÃO DO SEU FILHO NA FASE PRÉ-ESCOLAR

❧❧❧

Crianças, na idade pré-escolar, querem o que querem, e elas quase sempre o querem *agora*. Para aqueles que têm filhos nesta fase, isso não é novidade. E também não é novidade que, quando não conseguem o que querem, ficam furiosos.

Quando uma criança é frustrada, começam a circular na sua corrente sangüínea os hormônios do estresse, chegando mesmo a interferir na capacidade de seu filho pensar direito. Veja bem; é quando seu anjinho mais gosta de demonstrar toda a sorte de comportamento amável, como morder, socar e gritar, ou até mesmo gritar: "Eu odeio você!"

Evidentemente, é importante para as crianças aprenderem que não podem ter as coisas sempre do modo delas. Com sua ajuda compassível, gentil e amorosa, você pode auxiliar seu filho a lidar com a frustração e evitar que ele fique agitado e transtornado.

Aprenda logo a reconhecer os sinais de alerta que abalam sua criança nesta fase. É quando você não compra doces? Evite completamente passar pela seção dos doces no supermercado. É quando os blocos de construir ficam caindo? Consiga um jogo de blocos específico para a faixa de três a quatro anos e coloque seu filho em um canto adequado à brincadeira.

Descubra o que acalma seu filho. Pode ser que seja distraindo-o da situação frustrante, ou interrompendo completamente a atividade. Gentilmente, remova-o dessa situação e proponha uma outra atividade da qual ele goste.

Criar regras com antecedência também pode ser útil – acredite ou não, crianças nesta fase realmente *gostam* de ter regras a serem seguidas. Escreva-as e as disponha em um lugar visível: SORVETE SÓ DEPOIS DO JANTAR ou SEM DOCES NO SUPERMERCADO. É claro que a maioria das crianças não será capaz de ler as regras, porém, se elas as ouvirem com bastante freqüência, vão lembrar quais são e vão aprender a segui-las. Antes de colocar os pés em uma loja de brinquedos ou em um supermercado, dê uma passada pelas regras com seus filhos, para que saibam que você não vai comprar brinquedos ou doces.

Você não pode resguardar seus pequenos de todas as situações frustrantes (você quer que eles aprendam a lidar com um problema apesar das dificuldades e obtenham sozinhos êxito em suas tarefas), mas utilizar um pouco de tempo para orientá-los pode certamente diminuir seus níveis de frustração. Isso significa a necessidade de tranqüilizar-se e demonstrar para sua filha como amarrar os sapatos – mesmo que você esteja atrasada para um compromisso e saiba que isso vai demorar um pouco. Mas tempo e paciência vão ajudar seus filhos a verem as coisas por outro lado e, conseqüentemente, a eliminar seus sentimentos de frustração.

8
PORQUE EU DISSE ASSIM

Acontece mais ou menos no período em que seu filho está com dois anos, quando ele está fazendo coisas com as quais você nunca sonhou. Recheando o aparelho de videocassete com brinquedinhos ou comida, ou praticando "suas habilidades com a tesoura" na sua correspondência importante... Isso vai provocar reações que estão gravadas em seu cérebro desde os seus dois anos: "espere até que seu pai chegue em casa", "a vida não é justa" ou o infame "porque eu disse assim".

Como pai/mãe, você com freqüência toma decisões de que seus filhos não gostam. Eles, muito provavelmente, questionarão para saber as razões de suas decisões e, na maioria das vezes, você poderá tentar explicar-se até ficar sem argumentos. Como você pode evitar esses questionamentos sem fim? Acabe com eles antes que comecem, respondendo para o: "Mas por quê?", com: "Porque eu disse assim".

Todas as crianças tendem a pensar que o mundo deve tratá-las de forma especial. Seu trabalho, como pai/mãe, é fazer com que seus filhos aceitem os fatos. Eles, naturalmente, não vão gostar de algumas decisões que você tomará – mas não precisam gostar delas.

Argumentar com crianças pequenas é um erro no qual muitos pais incorrem. É bom dizer ao seu filho por que ele não pode jantar no banheiro, mas não tente persuadi-lo de que suas razões têm fundamento. Ele pode não ligar se seu croquete de frango ficar molhado com água suja do banho. Persevere em sua decisão.

É claro que você vai retrair-se quando estas palavras vierem da sua boca: "Porque eu disse assim!". Você recordará como, enquanto criança, detestava ouvir essas palavras que o impediam de fazer tantas coisas que desejava fazer. Mas segure a emoção. Depois de dizer isso uma dúzia de vezes, você chegará à conclusão da verdade: sua mãe e seu pai sabiam o que estavam fazendo!

9

POR FAVOR, AGRADEÇA E CAIA FORA!

~~~

É profundamente embaraçoso quando seu filho de seis anos responde a uma pergunta de um adulto como: "Divertiu-se nas suas férias?" com, "Dããã!" Mas antes de berrar com seu filho para que peça desculpas, lembre-se de que crianças não pretendem insultar ou ofender os outros com o que dizem.

Para evitar situações embaraçosas, é importante ensinar desde cedo boas maneiras para seus filhos e reforçar, incessantemente, o comportamento correto deles. Todos os pais fazem com que seus pequenos em idade pré-escolar sejam respeitadores ("diga obrigado para a sra. Wood", ou "diga por favor para o sorveteiro"), mas, conforme vão ficando mais velhos, além do por favor e do muito obrigado, eles precisam aprender outras maneiras apropriadas de lidar com os adultos. Crianças acima de quatro anos também devem aprender como falar corretamente com os mais velhos.

Por mais perturbadora que a falta de educação de seus filhos possa ser, resista ao ímpeto de repreendê-los na frente dos outros. Conduza-os para fora da situação e tranqüilamente os corrija. Mostre-lhes que os ama por serem tão amigáveis e que você os compreende, mas que quando falam com adultos precisam se lembrar de serem educados. Seus filhos talvez não percebam as maneiras grosseiras deles. Quando uma criança responde rudemente a um adulto, como na situação anterior, pergunte-lhe se ela teria respondido dessa forma se fosse sua professora que tivesse feito a pergunta sobre suas férias. Apresente-lhe uma resposta "correta" que substitua a que foi utilizada, como por exemplo: "Sim, eu me diverti muito nas minhas férias." Diga-lhe que as pessoas gostam quando ela lhes responde educadamente, e que dizer: "Dããã!" pode ofendê-las.

Obviamente, deve-se começar a desenvolver o hábito de dizer por favor e obrigado quando as crianças são bem pequenas, pois essa é a melhor forma de orientá-las para que mais tarde comportem-se com boas maneiras. Elogie sempre seus filhos quando eles forem bem-educados... Acredite ou não, as crianças muitas vezes sentem-se confusas quando usam expressões "dos adultos", como por exemplo: "Como você está?", e "Vou bem, obrigado". As crianças se sentem tolas quando são elas que as estão usando. Ensine-as a perceber a diferença entre ser tolo e ser bem-educado.

Acima de tudo, a única maneira de incutir boas maneiras aos seus filhos é *usando* boas maneiras. Antes de qualquer situação em público, forneça para as crianças uma prévia sobre o comportamento que se espera delas. Tente representar previamente em casa, para dar às crianças uma idéia do que elas devem esperar de certas situações sociais. E encoraje-as sempre a serem educadas – mesmo com os colegas no parquinho! Fique tranqüila, chegará o dia em que irá ouvir seu filho falando educadamente com um outro adulto.

10
IMITAR A FALA DOS BEBÊS

Os pais, na maior parte das vezes, encontram-se falando como bebês. Simplesmente acontece; é impossível evitar. Você pode se condenar por falar dessa forma, mas algumas vezes, quando está tentando obter a atenção de seus filhos, sabe que eles o entenderão melhor se falar como bebê. Bem conveniente. Embora talvez você se irrite ficando perto de quem age assim, é importante falar com seus filhos numa linguagem que eles compreendam.

Bebês são naturalmente aptos a aprender a falar, e quanto mais cedo os pais começarem a ajudar seus filhos, melhor para o desenvolvimento deles. Mas como, exatamente, você deveria falar com seu bebê? O tom, em alguns momentos, é mais importante do que os termos. Fazer contato visual e falar com um vocabulário simples e tons expressivos são coisas que ajudam o bebê a aprender a comunicar-se mais cedo. Tente não utilizar palavras vagas – use palavras que seu filho possa aprender a compreender. Fale pausada e repetidamente, para ajudar seu filho a memorizar as palavras. A linguagem auditiva desenvolve-se muito antes da linguagem falada. A maioria dos especialistas também concorda que através da fala dos bebês você consegue a reação desejada de seu pequeno. É importante aumentar seu nível de comunicação, à medida que seu bebê cresce. O domínio da linguagem varia de criança para criança, e crianças têm ritmos próprios. Você não pode forçar seu filho a começar a falar com 18 meses, mas precisa estar atento caso ele tenha quase dois anos e ainda não esteja falando. Procure orientação profissional se perceber retardo no desenvolvimento da fala de seu filho ou se desconfiar da existência de algum problema auditivo.

11
INVERSÃO DE PAPÉIS TRADICIONAIS

❧❧❧

Uma coisa importante para ser lembrada é que romper com a tradição é benéfico para seus filhos. Por exemplo, uma mãe que divide seus papéis tradicionais de cozinhar ou de cuidar do jardim com seu filho ajuda a balancear a ênfase que a sociedade dá para meninos em relação a esportes e preparo físico. E um pai que encoraja sua filha a jogar futebol está ajudando-a a promover sua liberdade de opinião e auxiliando-a a superar os estereótipos da passividade feminina.

Nem sempre é fácil, especialmente quando o olhar infantil pode ser tão impiedoso. Um menininho que prefere fazer bolinhos de chocolate, em vez de jogar futebol depois da escola, pode ficar exposto ao ridículo. As mães podem entretanto ajudar a integração entre esses passatempos. Fazer bolinhos de chocolate para repartir entre os companheiros do time de futebol certamente será apreciado. Encorajar seu filho a equilibrar ou combinar seus interesses irá ajudá-lo a se sentir melhor em relação e si próprio e aos seus passatempos.

Meninas também passam por questões semelhantes. Mesmo hoje em dia, após décadas de protesto, ainda há muito poucos times de futebol de meninas, e nas escolas somente um punhado de esportes é oferecido para elas. Ainda é raro vermos um rabo-de-cavalo saindo por trás de um boné de beisebol durante um jogo de campeonato, e não é por falta de tentativas. Meninas e suas mães têm se esforçado por muitos anos para que elas tenham permissão para jogar com os meninos. A melhor coisa que um pai pode fazer para fortalecer sua filha é fornecer todo o suporte possível – tomando a frente do campeonato para conseguir-lhe uma colocação no time e fazer disso uma de suas maiores prioridades. Quando seu pai fica ao seu lado, lutando por sua causa, ela sabe que seus interesses são tão importantes para ele quanto para ela.

Quebrar a tradição também é importante para crianças pequenas. Muitas vezes, vemos um pai de um menino de dois anos num parquinho encolher-se quando seu filho escolhe brincar com um aspirador de pó. E quantas vezes vemos mães comprando inúmeras bonecas para suas filhas – que acabarão permanecendo fechadas em suas caixas? As crianças precisam ser encorajadas a brincar com os brinquedos que achem interessantes e divertidos, seja um soldadinho de chumbo para Kathy ou um joguinho de xícaras de chá para Jordan. Quaisquer que sejam os brinquedos que as crianças escolham nesta fase, vão simplesmente ampliar suas experiências e ajudá-las no aprendizado. Uma criança equilibrada cuja vida é permeada por experiências variadas desenvolve mais empatia para com os outros e um melhor senso de autonomia pela vida afora. Imagine a seguinte situação: seu filho que prefere as atividades da escolinha relacionadas ao serviço doméstico talvez se torne, quando crescer, um famoso mestre da culinária, e sua menininha de menos de três anos que prefere correr pelo pátio, em vez de participar de uma festinha com suas bonecas, talvez seja, quando crescer, uma estrela do atletismo.

12

SAINDO EM PÚBLICO
COM SEU FILHO

※※※

É inevitável: virá o momento em que precisará sair com seus filhos em público. Se já saiu com eles para fazer compras, você vivenciou uma situação estressante. Portanto, eis um plano que pode ser usado tanto para lidar com as crianças em qualquer local público quanto para ajudá-los simultaneamente a aprender o valor do autocontrole.

O que você não pode fazer é subornar seus filhos. Sim, é uma solução rápida para o "eu quero bala!", enfurecido por um ataque de nervos. Mas recorra ao suborno agora e você penará por meses – talvez anos – no futuro.

Em vez disso, conte para os seus filhos o motivo da sua saída, com antecedência, dessa forma eles saberão exatamente o que esperar. "Não temos leite em casa, e eu sei que você adora leite com chocolate de manhã, portanto precisamos comprar leite. Nós não compraremos brinquedos ou doces. Mesmo que você veja brinquedos e doces lá, eu não vou comprar brinquedos e doces." Não prometa aos seus filhos brinquedos e doces, se eles se comportarem bem em uma loja; isso vai ensiná-los a esperar recompensas por seu bom comportamento.

Poupe-se de um monte de sofrimento ensinando a seus filhos que eles não podem esperar guloseimas todas as vezes que a família vai às compras. Ensine-os a esperar somente o básico e o necessário. Assim, eles jamais irão adquirir o hábito de exigir freqüentemente besteiras durante suas idas às compras.

Explique para seus filhos algumas pequenas regras antes de entrarem em uma loja: "Fique perto de mim, fale baixo, não brigue e não toque em nada." Quando essas regras forem quebradas – e eles vão quebrá-las –, afaste seus filhos e leve-os imediatamente para fora. Evite passar pelos locais onde são vendidos brinquedos e doces.

Você deve também evitar levar seus filhos para qualquer local de compras próximo à hora da refeição ou de dormir. Passeios podem facilmente estimular crianças além do normal e sair com uma criança bem alimentada e descansada lhe será bastante útil.

Se acontecer uma situação, e seu filho começar a gritar e a agir descontroladamente, vá rapidamente para uma parte sossegada da loja e fique lá enquanto durar o acesso de raiva. Quanto mais rápido você parar no momento da malcriação da criança, melhor.

Se não adiantar, e seu filho estiver histérico sem que você consiga ver a chance de ele parar, tire-o da loja por um momento. Isso vale também para um restaurante, por exemplo.

Saia da cena do crime e recolha-se no carro ou em qualquer lugar reservado até que a crise passe. Abandonar um carrinho de compras ou uma mesa de restaurante para recuperar o controle sobre seu filho pode parecer drástico, mas funciona. Tão logo seu filho compreenda como se deve agir em público, suas saídas ficarão menos parecidas com fardos e mais parecidas com aventuras para ambos.

13
"EU AMO VOCÊ!"

❦❦❦

A primeira vez que seu filho diz: "Eu amo você", você conclui que, sem saber, estava esperando escutar essas palavras. Há alguma declaração mais significativa, ou necessária, entre um pai/mãe e um filho? Em muitas famílias, essas palavras vêm facilmente. Entretanto, se você nunca as ouviu serem ditas, ou se os membros de sua família as usavam para manipular, pode parecer artificial mencioná-las para seus próprios filhos.

Dizer "eu amo você" não deveria ser reservado para ocasiões especiais. Seus filhos precisam ouvir essas palavras – de ambos os pais –, no mínimo uma vez por dia. Certifique-se de que você as diz com freqüência! Não suponha que seus filhos sabem que você os ama. Se você é alguém que tem problemas para dizer essas palavras, treine primeiro sussurrando-as – talvez ao ouvido de seu filho recém-nascido enquanto ele dorme. Ou tente escrevê-las em um pedacinho de papel e o introduza na lancheira de seu filho, ou coloque sobre seu travesseiro.

"Eu amo você" é uma declaração poderosa e, na maior

parte das vezes, invocará uma resposta amorosa de seu receptor. Tente evitar relacionar esse sentimento a um comportamento. "Eu amo vocês, quando limpam seus quartos" sugere que ama seus filhos devido ao comportamento ou feitos deles. Outra coisa a ser evitada é dizer "eu amo você", antes de uma reação sua para algo que eles tenham feito e que você não aprove. Escutar "eu amo você, mas não posso lhe dar uma guloseima porque você não terminou de jantar", é confuso para seus filhos.

O mais importante, no final das contas, é ser direto e simples. Diga "eu amo você" para seu filho, porque quer dizê-lo. Porque sente amor por ele e porque faz bem dizer isso. Você o ouvirá correspondendo mais cedo do que o esperado!

14

QUANDO SEUS FILHOS NÃO SÃO NADA AMÁVEIS

❦❦❦

Depois de todo o amor que você dedicou, depois de todos os abraços e beijos, presentes e lembranças, festas de aniversário produzidas e datas festejadas, depois de idas ao médico e agrados infinitos, chegará um dia em que seu precioso, atencioso e amado filho dirá estas três palavras que vão o atingir de forma mais cruel do que uma colmeia cheia de abelhas: "Eu odeio você!"

Nada pode provocar mais rapidamente a raiva, a vergonha, o ressentimento, o choque e a tristeza do que essa declaração vinda de seu filho. É verdade? Seu filho realmente o odeia? Não, claro que não. É mais provável que ele odeie o fato de você não deixá-lo mascar chiclete no café da manhã ou ir à festa dos alunos mais velhos da escola. Mas, quer você perceba, quer não, seu filho está simplesmente falando por raiva ou frustração, mesmo assim é difícil ouvir alguém que você ama dizer que o odeia. É ainda mais difícil deixar de levar para o lado pessoal!

Seus filhos sabem disso – eles o aprendem na tenra idade. Dizendo: "Eu odeio você", conseguem um grande impacto! Sua reação, mesmo sendo negativa, é de atenção imediata. Eles também devem concluir que, após um "eu odeio você", você fica tão irritada, zangada e ferida que, por fim, desistirá de suas solicitações, e eles simplesmente dirão que não intencionavam dizê-lo.

É fácil perder a esperança e prosseguir insistindo com seus filhos o quanto eles magoaram a mamãe, ou o quanto o coração do papai está partido, mas isso coloca sobre eles uma carga difícil de suportar – em qualquer idade. Isso representa que seus filhos são responsáveis por seus sentimentos. No lugar de reconhecer o sentimento oculto na declaração, diga-lhe, "você está parecendo muito furioso", ou "eu também pensava assim quando era criança".

Se tiver sido atingida por um "eu odeio você!", de seu filho, o melhor a ser feito é abster-se de dizer qualquer coisa ofensiva. Retire-se da situação, caminhe pela sala de estar, sente-se em uma poltrona, respire fundo – recorra talvez ao seu marido em busca de encorajamento, tranqüilidade e compreensão. Deixe um caminho para uma posterior discussão com seu filho em um momento mais calmo: "Falaremos sobre isso depois, quando não estivermos tão zangados."

Quando seu filho diz: "Eu odeio você", está tentando atingi-lo e atrair sua atenção. Mas lembre-se de manter sua perspectiva; é possível que você seja odiada por um ou dois minutos, mas seu filho espera uma reação de você. Mantenha sua frieza, e ele aprenderá que dizendo "eu odeio você" não vai obter essa reação. Então, ele não será capaz de utilizar essa declaração para manipulá-la no futuro.

15

DEIXE-O VENCER...
ALGUMAS VEZES

❖❖❖

Quantas vezes você escutou sua esposa discutindo com sua filha de três anos sobre o uso de seu pijama curto ao ar livre? É incrível observar um adulto inteligente e racional limitado a dizer coisas irracionais e pouco inteligentes como: "Você vai morrer congelado com este pijama curto!", ou: "Ninguém no playground vai brincar com você vestida desse jeito!"

Debater com uma criancinha sobre tópicos como a diferença climática dentro/fora de casa ou sobre vestimentas apropriadas para o dia e a noite é exasperador, mas muitos pais perturbam-se com isso pelo menos uma vez por dia. Logicamente não é apropriado que as pessoas saiam de casa de pijamas, mas quando as pessoas às quais estamos nos referindo são menores de cinco anos, é não só apropriado como bastante comum! Com certeza, isso o aborrece em vão – tudo que consegue pensar é na quantidade de roupas novas que ficam intocadas no guarda-roupas, enquanto você olha furiosamente para o decadente pijama curto. Mas, quando chega a acontecer uma batalha como essa, há somente uma coisa que pode ser feita: desista, e deixe-a usar o pijama.

Considere as inúmeras outras batalhas que você e seus filhos terão no curso da semana. É cem por cento provável que a maior parte dessas disputas não sejam negociáveis: eles jamais as vencerão. Como pais, pare um pouco para perceber que essas constantes batalhas perdidas devem ser frustrantes para eles. Sem dúvida você já ouviu a frase: "Escolha cuidadosamente suas batalhas", quando o assunto é relacionado à criação de filhos. Às vezes acontece dessa forma, quando nada de mau pode realmente vir a acontecer pelo fato de usar um pijama curto para ir ao playground; é uma boa idéia perder de propósito. Deixe-a vencer. Vá um pouco mais fundo e declare que ela é a vencedora. Isso é o que se chama de "ganho duplo" em uma situação. Ela pensará que venceu e você saberá que foi você quem ganhou.

Crianças que são constantemente derrotadas por seus pais e professores irão com freqüência procurar agredir os outros, com o objetivo de vencer suas próprias frustrações. Mas, "virando o jogo" de vez em quando, você as fará tornarem-se adultos autoconfiantes que poderão fazer boas escolhas sozinhos.

16

UMA RECEITA DE PAZ

❖❖❖

Faltam dez minutos para o jantar, e seu filho de quatro anos pula na cozinha faminto pedindo um biscoito. Quando você tenta explicar que o jantar estará pronto em poucos minutos, o resultado é um acesso de fúria. Seu filho já está "morrendo de fome!".

É inútil argumentar com uma criança que está no meio de um acesso de raiva. Em vez de se aproximar dela, você vai é deixá-la cada vez mais transtornada. Isso naturalmente fará com que a criança sinta-se miserável e que você sinta-se incapaz.

Portanto, na próxima vez (e você sabe que haverá uma próxima vez), simplesmente pare de falar depois que disser ao seu filho que o jantar estará pronto em poucos minutos. Quando a criança perceber que você não vai discutir, talvez pule e comece a implorar, e caia no manjado acesso de fúria. É provável que isso arruíne o jantar e o resto de sua noite. Nessa hora, há uma coisa que pode ser feita para obter paz na sua cozinha:

você pode sucumbir e dar um biscoito para a criança, o que significará para seu filho que ter um acesso de raiva para conseguir o que quer é produtivo, ou você pode utilizar subterfúgios para evitar completamente o acesso de fúria.

Eis aqui uma maneira que quase sempre funciona com as crianças pequenas: antes de começar a preparar o jantar certifique-se de que há muitos petiscos saudáveis ao alcance de seus filhos, arrumados de forma atraente e sedutora. Por exemplo, antes que você comece a pensar no que fazer para o jantar, concentre-se no apetite de seu filho. Separe um pouco de pepinos, aipo, uva, queijo em cubos, cenouras e maçãs e arrume tudo numa bandeja grande. Acrescente algumas torradas ou bolinhos de arroz e coloque a bandeja ao alcance de seu filho mais novo. Arrume alguns copos d'água e anuncie para seus filhos que é hora do lanche.

É possível que se você preparar um lanche apetitoso para as crianças antes que elas percebam que estão com fome, elas vão normalmente comer o que você tiver preparado em vez de pedir outros alimentos. Crianças sabem do que gostam de comer, mas se você esperar até que a fome chegue para alimentá-los, eles pedirão os alimentos de sua preferência – imediatamente. Pedindo-lhes para esperar que o jantar fique pronto, enquanto estão com fome "exatamente neste momento", não funcionará nem mesmo com as crianças mais pacientes.

Agora, digamos que você apresente petiscos para suas crianças, elas os devoram e não têm mais fome. Excelente! Um prato cheio de vegetais, frutas, queijo e torradas é simplesmente tão saudável quanto um prato cheio de frango e arroz, por exemplo, e um jantar bem mais saudável do que muitos pais preparam para seus filhos na maioria das noites. Você e seu marido podem sentar à mesa para jantar calmamente e em paz. Guarde as sobras para uma outra noite.

17
TRANSMITA O VÍRUS DO EXERCÍCIO

❖❖❖

Foi demonstrado por meio de estudos que uma criança (entre seis e onze anos) assiste em média a vinte e cinco horas de televisão por semana. Isso sem considerar as infinitas horas adicionais que as crianças ficam jogando videogame e usando seus computadores. A novidade alarmante está no fato de que somente a metade dos jovens americanos participa regularmente de exercícios físicos ativos. As crianças americanas hoje são mais obesas do que nunca, com inatividade maior entre jovens meninas.

Crianças inativas crescem para se tornarem adultos inativos, portanto a melhor época para se cultivar um estilo de vida ativo e saudável é na infância, quando é mais provável o desenvolvimento de hábitos para toda a vida. Ajude seus filhos a transformar essas vinte e cinco horas diante do vídeo em vinte e cinco horas de atividades físicas!

Seus filhos ficam mais propensos a envolverem-se em atividades físicas se você participar com eles. Busque atividades que vocês possam fazer juntos, como nadar, andar de bicicleta, esquiar no gelo ou jogar basquete na entrada da garagem. Ou ainda transforme suas atividades regulares diárias em momentos de exercícios físicos: estimule seus filhos a subir pelas escadas, em vez de usar os elevadores, ou invente uma brincadeira de estacionar em um lugar mais distante do local onde vocês tiverem afazeres. Faça-os apostar corrida para ir à caixa de correio ou leve-os com você em suas caminhadas matinais. No próximo aniversário de sua filha, compre-lhe uma rede de voleibol ou uma cesta de basquete. Na próxima vez que você precisar de um presente para seu filho, compre-lhe um skate (não se esqueça do capacete e dos protetores de joelhos). Cabe aos pais fazerem a escolha mais saudável para os filhos.

Considere os resultados: atividade física regular aumenta tanto a saúde física quanto a mental, estimula sentimentos positivos sobre a imagem corporal, e melhora a auto-estima e a autoconfiança.

18
ENSINANDO ÀS CRIANÇAS O CUIDADO COM *SEUS* SEMELHANTES

❦❦❦

É sempre agradável ouvir sobre crianças de todos os cantos do país que ficaram tão mobilizadas pela dificuldade de outros que se sentiram impulsionadas a ajudar. Depois de ter sabido que grandes laboratórios enviam diariamente centenas de milhares de medicamentos e amostras grátis para médicos e hospitais locais, um adolescente em Nova York criou uma forma de coletar estas amostras e enviá-las para doentes e necessitados na América do Sul. Após ter conhecido uma criança com uma doença crônica, uma menina de quatro anos, na Califórnia, organizou com as colegas de sua classe pré-escolar uma coleção de animais recheados com feijão e depois enviou os brinquedos para crianças de um hospital público local.

Muitos pais sentem que precisam resguardar seus filhos dos problemas sociais e pessoais do mundo, mas na realidade a melhor coisa que podem fazer é abrir os olhos de seus filhos para esses problemas de uma forma apropriada, de acordo com sua faixa etária. Crianças ainda não tiveram a oportunidade de tornarem-se insensíveis às doenças do mundo. Expô-las a crianças sem lar ou abandonadas, à poluição ou a pessoas com doenças crônicas pode motivá-las a fazer alguma coisa para ajudar.

Com as crianças menores, esteja atento para esses "momentos de aprendizado", quando você pode ajudar seus filhos a se colocarem no lugar de outros. Se sua filha não está dividindo seus brinquedos com uma companheira de brincadeira, perca um segundo para explicar os princípios da lealdade. Leia para seus filhos livros sobre divisão e sobre bondade para com os outros, e comece uma pequena poupança para as "crianças cujos pais e mães não têm recursos para lhes comprar bons brinquedos". Com crianças mais velhas, fale sobre a questão pública de forma que fique claro que as pessoas podem fazer alguma coisa pelos menos favorecidos. Proteção dos animais, violência na escola, a floresta tropical – suas crianças irão quase sempre surpreendê-los com a oferta de múltiplas sugestões para promover ajuda.

Ninguém quer aborrecer suas crianças desnecessariamente. Você precisa conhecer seus próprios filhos e calcular como eles reagirão às diferentes questões. Porém, se não falar sobre os problemas do mundo com eles, essas questões perturbadoras podem finalmente atingi-los e fazê-los sentirem-se incapazes. Considere também o que os especialistas dizem sobre crianças ativas socialmente: elas não apenas se tornarão cidadãs compassivas como também vão se sobressair na vida escolar, vão evitar drogas e álcool, e serão criativas para resolver problemas!

É lógico que todos querem que seus filhos sejam cuidadosos e responsáveis, mas as pessoas normalmente não fazem trabalhos voluntários pelo simples motivo de que suas vidas são muito atarefadas. Arrumar um tempo para ajudar os menos afortunados, uma vez por semana – ou mesmo uma vez ao mês –, terá um enorme impacto sobre seus filhos. Levá-los para um sopão popular ou para limpar um parque público local é uma das melhores coisas que um pai/mãe pode fazer. Até mesmo juntar e reciclar latas com seus filhos pode ser o caminho perfeito para um pequeno fundo de caridade de acordo com a escolha deles. Crianças que ajudam outras em pequenas coisas – como reciclando latas, dando velhos brinquedos quando ganham novos, ou arrecadando alimentos não-perecíveis e agasalhos para os necessitados – tornam-se mais receptivas em ajudar outros necessitados quando se tornam adultos.

19
HORA DE DORMIR – OU FALANDO MAIS CLARAMENTE, APOCALIPSE

❖❖❖

Ah, hora de dormir...
Antes de as crianças chegarem, este era um momento que significava tranqüilidade, paz para refletir e fortalecer seus pensamentos, antes de um sono profundo; hora para você e seu marido relaxarem, passar os dias em revista e discutir novos planos.

Se vocês são os orgulhosos pais de um ser jovem, já sabem o quanto esse cenário da hora de dormir está longe da realidade. "Eu quero beber alguma coisa! Preciso ir ao banheiro! Eu quero um biscoito! Eu quero outro beijo! Acende a luz!" Exaustos e frustrados, mamãe e papai respondem com água, petiscos, beijos e muitas idas ao banheiro. Mesmo depois de terem feito tudo, sempre há outro pedido: "Eu estou com sede de novo!"

Ponha-se no lugar do seu filho e olhe para esta cena: ele está brincando calmamente com blocos de montar, quando em seguida você vem tirá-lo de sua brincadeira. Imagine que você está no meio de um bom livro, e seu marido diz: "Hora de dormir!" Apesar de suplicar por mais alguns minutos, você é puxada do sofá, arrastada escada acima, enfiada em seu pijama e colocada na cama. Está se sentindo agredida? Com raiva? Manipulada?

Seu filho, de apenas dois anos, sente tudo isso. Nesse importante estágio do crescimento de sua vontade de independência, ele está prestes a tornar-se um indivíduo. Ir para a cama talvez nem seja o problema para ele – é mais do que provável que ele esteja pronto para dormir –, mas os comandos contínuos, recebendo ordens sobre o que fazer e quando fazer, fazem emergir uma sensação de ser controlado.

Estabeleça uma hora de dormir para seu filho, e faça-o memorizá-la. E, o mais importante, dê-lhe um aviso 45 minutos antes de sua efetiva hora de dormir. Dessa forma, ele saberá que é hora de começar a parar, mas que ainda tem um pouco de tempo para partilhar com você antes de as luzes serem apagadas.

Tanto o pai quanto a mãe devem ser incluídos no ritual da hora de dormir de seu filho. Deixe a criança fazer parte do ritual – forneça-lhe escolhas para que assim sinta-se mais importante e menos manipulada. "Quem você quer que o ajude a vestir o pijama, a mamãe ou o papai?" "Você quer vestir seu pijama com desenhos de beisebol ou de sapos?"

Avise-o quando faltarem 15 minutos para as luzes serem

apagadas, e use este tempo para aconchegar-se a seu filho ou para ler para ele. Estabeleça o número de livros, músicas ou beijos na rotina para que ele sempre saiba a regra: dois livros, duas músicas e cinco beijos antes de as luzes serem apagadas. Finalmente, explique-lhe uma só vez que após o último beijo, você lhe dirá boa-noite e sairá do quarto.

Talvez isso não funcione na primeira vez, mas é importante que você seja firme. Tente não falar com seu filho depois da rotina da hora de dormir. Se ele sair do quarto, calmamente conduza-o de volta. Você não quer começar uma batalha verbal sobre ir dormir. Sim, no começo ele vai testá-los algumas vezes – talvez saindo da cama por seis ou sete vezes numa mesma noite. Mas, depois de perseverar na mesma rotina por algumas noites, a hora de dormir com certeza acontecerá mais agradavelmente para você e para seu filho.

20
TRANSFORMANDO A RIVALIDADE ENTRE IRMÃOS EM CORTESIA

❖❖❖

Brigas constantes entre irmãos é uma das maiores frustrações dos pais. A reação destes para as disputas dos filhos quase sempre inclui gritos, tomadas de partido, ameaças, acusações e etapas para resolver o problema. Uma vez que os pais reagem à hostilidade com hostilidade, sem querer, estão contribuindo para a rivalidade entre irmãos. A fim de tornarem-se adultos de sucesso, nossas crianças precisam de habilidade para negociar e cooperar. Podemos neste momento ensinar aos nossos filhos essas habilidades.

Ter mais de um filho pode criar oportunidades para que as crianças aprendam muitas coisas, tais como: partilhar, ser amigo, dar-se bem com os outros e cooperar. No lugar de reagir às brigas e disputas que ocorrem entre irmãos, os pais podem escolher ficar de fora, não fazendo julgamentos – cuidando para que as brigas não sejam físicas. Crianças precisam organizar as coisas por elas mesmas, e os pais devem deixá-las.

Antes que seus filhos se aproximem "desse ponto", enquanto as coisas estiverem calmas e tranqüilas, aproveite para ensinar-lhes as habilidades que eles precisam ter para resolver seus problemas. Ensine-os a negociar e partilhar, e coloque-os em situações nas quais eles possam praticar essas habilidades. Se você deixar duas crianças de dois anos com blocos de montar em uma sala, está procurando problemas. Mas, se você se sentar com elas e dividir os blocos, pode demonstrar justiça e honestidade. Pode ainda ensiná-las a fazer negociações. Se mostrar-lhes que confia nelas para a resolução dos seus próprios problemas, você se surpreenderá em ver que mesmo sendo bem pequenas as crianças gostam de ser as responsáveis por suas brincadeiras.

Quando as crianças ficam mais velhas, a rivalidade entre irmãos normalmente piora, principalmente porque elas tornam-se mais verbais. Talvez as razões das brigas mudem – "Ela está me olhando!" "Ele está do meu lado da poltrona!" –, mas sua atuação deve ser a mesma. Mesmo que eles gritem ou peçam sua intervenção repetidamente, *não se envolva*! Pode ser necessário fingir não ouvir e não ligar por muito tempo, para que eles cheguem à conclusão de que você não vai intervir. Mas deixar que seus filhos resolvam suas diferenças sozinhos vai finalmente auxiliá-los a solucionar seus problemas com autonomia.

21
CONVOQUE SEUS FILHOS PARA UMA REUNIÃO DE FAMÍLIA

❖❖❖

Reuniões de família podem ser um método muito eficaz para aumentar a proximidade familiar, e num mundo repleto de atividades extracurriculares é fácil ficar semanas ou meses sem passar horas de qualidade com as pessoas que amamos. O mais difícil para se conseguir uma reunião semanal de família é escalar uma hora em que todos estejam em casa! Mas uma vez que decidam o horário, façam da reunião uma prioridade e preservem-na como algo sagrado. Marque-a em seu calendário e faça com que esse encontro seja tão importante para vocês quanto uma reunião de trabalho, e para seus filhos deve ser tão importante quanto os compromissos com os amigos. Isso demonstrará para eles o quanto esse tempo é importante para vocês e fará com que sintam que você os considera seriamente.

Mantenha à mão uma lista para que qualquer um escreva questões que possam surgir no decorrer da semana. Planeje discuti-las durante suas reuniões de família. Na hora da reunião, escolha um local confortável onde todos possam relaxar.

Não é uma boa idéia fazer a reunião durante a hora da refeição – há muitas distrações. Além disso, antes de começar a reunião, tire o telefone do gancho para que não haja interrupções. Elejam um líder e uma secretária diferentes, para tomar notas a cada reunião. O líder deve conduzir a reunião e dizer quando é a vez de cada membro da família falar. Para cada reunião, escolha um líder distinto. A secretária deve anotar o que for discutido e que decisões foram tomadas.

Lembre-se de cumprimentar cada membro da família no início de suas reuniões – esse não é um momento para brigas ou para conspirar contra alguém. Se você tem queixas, esclareça-as e incentive seus filhos para esclarecerem também as deles – mas faça com que sejam construtivas. Lembrem-se de por que estão reunidos: para passar bons momentos em família, não para tagarelar sobre os problemas domésticos. Se um dos membros da família tiver um problema para resolver, ensine aos seus filhos que é útil buscar uma solução.

Sempre finalize a reunião permitindo que o líder escolha um final divertido. Podem escolher jogar um jogo de tabuleiro, fazer juntos uma refeição leve, assistir a alguns vídeos caseiros ou planejar as próximas férias de sua família. Qualquer que seja a decisão para encerrar o encontro, cuide sempre para que a próxima reunião seja agendada e selecione um novo líder e uma nova secretária.

Cada ano, milhares de famílias passam a fazer reuniões familiares semanais. Alguns pais dizem que essa é a única hora na semana em que têm a oportunidade de falar com seus filhos! Lembre-se, seja lá o que fizerem juntos – bolos, jogos ou simplesmente jogar conversa fora –, a idéia principal é que vocês o façam... juntos!

22

VALORIZANDO
SEUS FILHOS

※ ※ ※

Acredite ou não, há infinitas maneiras de seus filhos serem valiosos para sua comunidade. Estudos demonstram que os recursos naturais mais subutilizados neste país são nossos filhos! Com idéias tão boas, com tanta energia e idealismo sem limites, o potencial deles para o sucesso está acima de todas as nossas expectativas.

O segredo para valorizar seus filhos é perceber precocemente suas aptidões e dar-lhes muitas oportunidades para praticá-las. Sua filha de onze anos é amável, compassiva e despachada? Leve-a para servir uma vez por semana como voluntária em um abrigo para mendigos. Seu menino de oito anos preocupa-se com o meio ambiente? Solicite sua ajuda para recolher o lixo nos arredores de sua casa. Há diariamente pequenas e grandes oportunidades para que as crianças sejam valorizadas, como membros que colaboram com a sociedade, e os benefícios são incalculáveis para seus filhos, sua família e sua comunidade.

Recentemente uma menina de Nova York comemorou seu aniversário pedindo aos seus amigos donativos para a Sociedade Americana de Câncer, em vez de presente. Por infelicidade, essa menina havia vivenciado a perda de dois membros de sua família por câncer, e teve um entendimento real de como os donativos vindos de seus amigos poderiam ajudar outros que estivessem com a mesma doença. A decisão dela, por sua vez, fez com que outra criança de cinco anos viesse a se interessar em ajudar também.

Não há uma maneira melhor para ajudar as crianças a sentirem-se bem com elas mesmas do que as ajudando a estar a serviço de outros. Quando valorizamos as contribuições de nossos filhos e os ajudamos a desenvolvê-las, estamos dando-lhes o poder de obterem sucesso em suas vidas e na vida de seus semelhantes.

23
MANTER UM NÍVEL MÍNIMO DE EXPECTATIVAS

❖❖❖

Mesmo sem percebermos, com freqüência pressionamos nossos filhos. Há pressão para que evitem cometer erros, para que ajam de uma determinada maneira, e para que vivam totalmente de acordo com as nossas expectativas.

Algumas pressões incentivam nossos filhos a serem mais persistentes para ganhar nossa aprovação. Talvez nossa intenção seja boa, porém essas pressões podem acabar forçando-os demais! "Minha filha teve só A e B em seu boletim escolar, da próxima vez sei que terá somente A!" Você pode não estar pensando em como sua filha interpretará suas palavras. Você está elogiando-a e sente orgulho dela, mas para uma menina de nove anos esse elogio pode ser interpretado como uma expectativa. Agora a criança precisa "enquadrar-se" às suas expectativas, para que obtenha o tempo todo a mesma aprovação.

É preciso prestar atenção ao que se diz sobre os feitos dos filhos, para que eles saibam que você tem sempre orgulho deles. Uma boa idéia é eliminar palavras como "melhor" e "mais brilhante" do seu vocabulário, quando estiver fazendo referência aos seus filhos. Eles precisam ser capazes de olhar para você e sentir sempre seu amor e orgulho incondicional, e saber que são amados por serem o que são e não pelo que fazem ou por suas aparências.

Isso tudo é muito delicado, a competição mundial está lá fora, nunca houve uma pressão tão grande sobre as crianças como a deste novo milênio. É seu dever incutir nelas sentimentos de orgulho, auto-respeito e talento, não importa que lugar venham a ocupar na tradicional escala de "sucesso". Fazendo isso, você mostra-lhes que os ama por serem o que são, não apenas pelo que são capazes de fazer.

24

EDUCAR FILHOS MORALMENTE

❦❦❦

Há simplesmente duas maneiras para que se obtenha êxito ao ensinar moral e valores para seus filhos. A primeira é dando contínuas lições de honestidade. Praticamente todos os dias acontecem situações que apresentam a oportunidade para que se faça isso. Por exemplo, seu pequeno de quatro anos acaba de sair da loja de brinquedos com uma miniatura de carrinho que você não comprou. Você vê o brinquedo em sua mão, enquanto está ajustando o cinto de segurança. Ele está com cara de culpado – você sente que ele fez algo errado. Eis uma boa oportunidade para lhe dar idéia permanente sobre o que é certo e errado.

Não releve nem trate com pouca importância o que seu filho fez, dizendo: "Ele tem só quatro anos e não queria roubar o brinquedo." É possível que seja verdade – crianças pequenas não compreendem totalmente a noção de roubo –, mas se você não encarar o que ele fez, está deixando que ele pense que está correto pegar coisas que não lhe pertencem. Faça com que ele seja responsável por seus atos. Lembre-se de não maltratá-lo e de manter uma atmosfera amável. Explique-lhe calmamente que você está desapontado por ele ter pego o brinquedo da loja. Ao ouvir essas palavras, seu filho já vai ter uma profunda reação. Continue explicando que foi errado pegar o brinquedo e que ele precisa devolvê-lo para o gerente da loja e pedir desculpas imediatamente.

Uma outra forma para ensinar sobre moral é simplesmente sendo bom exemplo para as crianças. Surgem, o tempo todo, oportunidades para isso. Seu dever é identificá-las e utilizá-las de formas produtivas.

Digamos que você esteja indo às compras com sua filha de seis anos e encontre uma nota de dez dólares no chão do estacionamento. Sua filha também a vê e corre para pegá-la. Certamente você jamais encontrará a pessoa que perdeu o dinheiro. Mas resista ao desejo de proclamar que este é seu dia de sorte, e, em vez disso, pergunte à sua filha o que aconteceria se fosse ela que tivesse perdido o dinheiro. Ela ficaria triste? Voltaria ao estacionamento para procurar o dinheiro? É provável que ela responda sim às perguntas e que sinta alguma pena da pessoa que deixou o dinheiro cair. Pergunte-lhe o que ela acha que vocês devem fazer com o dinheiro. Apresente algumas sugestões. Deixar o dinheiro no lugar onde foi encontrado ou deixá-lo com um comerciante local pode parecer besteira, mas você terá passado para sua filha uma valiosa lição sobre compaixão e honestidade. A longo prazo, isso vale mais do que dez dólares!

25

NÃO BLEFE – PARA PROVER FELICIDADE

Bons pais querem educar os filhos para que adquiram responsabilidade e construam sua autoconfiança. Querem que se sintam amados e felizes, mesmo que ocasionalmente haja necessidade de punição. Se nossas crianças forem disciplinadas a esse respeito, não necessitarão voltar-se para as drogas ou outras formas de rebeldia, para sentirem-se poderosas ou aceitas. Há alguns caminhos simples para prover nossos filhos do sentimento de bem-estar e segurança:

Tenha a certeza de que o tempo passado com seus filhos é rico em qualidade. Estabeleça um tempo para que você e seus filhos aproveitem juntos – um tempo diferente do que é gasto para levá-los de um lado para o outro. A quantidade do tempo não é relevante, e sim a sua qualidade. Durante esse período, dê-lhes sua atenção de forma exclusiva.

Seus atos falam mais alto que palavras. As pesquisas demonstram que os pais fazem mais de dois mil pedidos aos seus filhos diariamente. É dever deles ensinar seus filhos a crescerem e tornarem-se responsáveis. Repetir-se indefinidamente é parte desse dever, mas é útil embasar suas palavras com atos. Se você constantemente insiste com seu filho para que ele coloque a roupa suja no cesto apropriado, na próxima vez que lavar roupas, lave somente as que ele houver colocado no cesto. Sim, talvez seja frustrante vê-lo se queixar por não ter roupas limpas, mas ele não vai compreender a importância do pedido ao menos que veja exatamente como o ato dele o afeta.

Dê-lhes o poder. Dê aos seus filhos algum controle, permitindo que ajudem com crescentes tarefas. Muitas vezes fazemos as coisas para eles porque somos capazes de fazê-las mais facilmente ou mais rapidamente. O único resultado disso é fazer com que se sintam inúteis.

Não se intrometa. Quando interfere, você rouba de seus filhos a oportunidade de aprenderem com as conseqüências dos seus atos. Se sua filha está no jardim-de-infância e esquece sua pesquisa, não corra em casa para buscá-la, deixe que as conseqüências lhe ensinem a lição sobre a importância de lembrar-se.

Deixe a punição corrigir o crime. Na emoção do momento, você algumas vezes tende a lançar uma sentença absurda para um crime banal. Digamos que você esteja prestes a entrar em casa com as mãos cheias de pacotes, e seu caçula comece a reclamar por culpa da irmã mais velha que pegou seu brinquedo, ou algo assim. O estresse, associado ao fato de estar com sacolas pesadas e procurando as chaves e somado ao som irritante do choro, pode incitá-la a aplicar uma punição violenta. Não a mande para o quarto pelo restante da noite. Quando seu bom senso prevalecer, explique-lhe por que não se pode pegar as coisas dos outros.

Seja firme. Este é, com certeza, o segredo mais importante para tornar a paternidade/maternidade eficaz. Falta de firmeza é completamente ineficaz. Seu filho está numa brincadeira e bate em outra criança. Repreenda-o e explique-lhe que se bater de novo você irá levá-lo para casa – mesmo que isto não seja conveniente para você. Nunca é fácil acionar as armas usadas como ameaça ou punição, mas no mesmo segundo em que você desiste delas perde toda a credibilidade.

26

SÃO AS PEQUENAS COISAS QUE IMPORTAM

❦❦❦

Algumas vezes é o jeitinho relativamente simples usado para interagir com os filhos que pode proporcionar os maiores progressos na vida da família – jeitinhos úteis para o elo entre os pais e seus filhos.

Leia para seus filhos na hora de dormir. Compartilhar histórias os aproximará e os ajudará a desenvolver o amor aos livros e o gosto pela leitura.

Elogie seus filhos sempre que possível. No corre-corre do dia-a-dia fazemos pouco caso do bom comportamento demonstrado pelos nossos filhos e estamos sempre atentos para repreendê-los por mau comportamento. Elogiando as crianças pelas coisas boas que fazem, você ensina-os a não desvalorizar as qualidades dos outros.

Corte as atividades extracurriculares. Será que seu filho realmente precisa de aulas de arte e ginástica, lições de natação e piano e ainda futebol? A maioria das crianças hoje nos Estados Unidos tem muito mais compromissos do que o necessário. Tente cortar pelo menos uma das atividades e use o tempo dessa atividade para fazer algo divertido junto com seu filho.

Abrace e beije... beije e abrace. Dê as mãos, faça cócegas ou um cafuné em seu filho. Expressar seus sentimentos com gestos físicos pode iluminar o dia dele.

Deixe-os viver. É duro, algumas vezes, evitar seguir seu filho de cinco anos pelo playground. É lógico que você deve mantê-lo sob sua visão o tempo todo, e se houver iminência de perigo deve permanecer por perto. Porém, se os brinquedos forem seguros e apropriados para a idade dele é mais saudável deixar a criança explorá-los sozinha.

Ria tanto quanto possível. Você pode criar uma atmosfera de diversão e alegria para você e seus filhos, se, quando estiverem juntos, fizer um esforço para sorrir e rir mais. As pesquisas também mostram que as crianças espelham-se em nossas expressões – logo, se você está sorrindo, seu filho também vai sorrir. As crianças mais velhas simplesmente ganham o dia só de ver a mãe ou o pai achar graça de suas gaiatices.

Seja boba. Muitos pais ficam irritados ou zangados quando seus filhos agem como bobos, em público. As crianças na faixa de três ou quatro anos, principalmente, divertem-se falando palavrões ou fazendo caretas. Não há nada errado em se igualar a elas e participar desses momentos engraçados. E além disso, não se deveria jamais chamar a atenção das crianças por serem bobas, a não ser quando rompem regras ou se portam de modo tolo em momentos impróprios, como, por exemplo, na escola.

Criar filhos pode ser um trabalho oprimente. Lembre-se de que melhorias enormes começam com passos minúsculos. Tente colocar apenas uma dessas dicas em prática nesta semana e já terá iniciado o processo de mudança!

27
EXTERMINADORES DE ESTRESSE

❧❧❧

"Durma enquanto seu bebê dorme." Alguém já lhe deu esse conselho? Forneceram-lhe também outras dicas milagrosas? Como, por exemplo, se você aproveitar o sono do bebê para dormir, como vai lavar as roupas, limpar a casa, preparar as mamadeiras e o jantar ou atrever-se a dar uma saidinha?

O mais provável é que, exceto que tenha uma enfermeira, uma babá, uma faxineira e uma assistente pessoal, você não dormirá durante o sono do bebê. Se o fizer, pode apostar que a casa e o mundo a sua volta irão rapidamente cair em confusão. As mães de recém-nascidos vivem num estado de constante privação de sono. Se além do bebê você tiver filhos mais velhos para cuidar, ou ainda, se mantiver um emprego, viverá exausta, ansiosa e atordoada.

Infelizmente, você talvez jamais tenha a possibilidade de realmente relaxar, até que seu bebê esteja crescido e fora de casa. Mas você *pode* reorganizar seu dia-a-dia para incluir alguma reposição esporádica de energia e alguma técnica desestressante para ajudá-la a relaxar e dormir melhor à noite.

Comece o dia fazendo algum exercício fora de casa. É fato comprovado que estar em atividade aumenta a adrenalina, o que dá mais energia. Quinze minutos de exercício externo por dia, longe do confinamento da casa, pode ser o suficiente para recarregar suas baterias. Fazer levantamento de pesos ou alongamento com um vídeo de ginástica pode fazer milagres com seu nível de energia.

Tome algum ar fresco. Se o tempo estiver bom, coloque o bebê no carrinho e saia – ao menos para ter uma chance de mudar de cenário.

Acenda algumas velas! O aroma de rosas, pinho ou cítrico é recomendado pela aromaterapia para diminuir a fadiga mental e estimular o organismo.

Mantenha contato com seus amigos. Falar com um amigo durante o dia – mesmo que seja enquanto você está tratando do bebê ou preparando uma refeição – pode lhe dar uma verdadeira carga de energia. Isso pode ajudar a mantê-la alerta e ativa e fazê-la sentir-se conectada ao mundo real.

Quando estiver na hora de relaxar, trate de criar uma atmosfera de paz. É claro que isso nem sempre é possível. Se o bebê ainda estiver acordado, entregue-o para seu marido e procure dar uma paradinha. Pegue um bom livro ou uma boa revista – cuide para que não seja sobre algo que lhe cause ansiedade – e acomode-se em sua cadeira predileta. Providencie um petisco rico em carboidratos, isso estimula a química cerebral ajudando-o a dormir pesadamente.

Um banho quente também irá funcionar para relaxar tanto você quanto o bebê – esteja certa de que a água não está quente demais. Elevar a temperatura do corpo antes de deitar é perfeito, pois após o banho a queda da temperatura ajuda a induzir o sono.

Diminua as luzes, evite qualquer estímulo sensorial, como música alta, televisão ou computadores e, se o bebê por hoje tiver sossegado, vá dormir! Mesmo que seja por apenas umas poucas horas, começar seu sono com um relaxamento apropriado irá fazer a real diferença para diminuir seu nível de estresse.

28
OUÇA OS ESPECIALISTAS

❦❦❦

Freqüentemente, o melhor conselho sobre como cuidar do bebê vem de um dos especialistas mais experientes que existem: sua mãe, ou sua melhor amiga ou sua prima. Isso acontece porque ele se refere a experiências vividas, métodos já testados e aprovados sobre cuidados com bebê normalmente funcionam melhor. Você só pode aprender esses métodos secretos com alguém que já vivenciou a maternidade, algumas vezes, repetidamente.

Palavras de sabedoria, de onde quer que venham, podem mudar sua vida. Uma vez que não é aconselhável ligar para o pediatra sempre que tiver uma dúvida ou atacar a livraria sempre que precisar de um conselho profissional, você pode sempre buscar opinião externa com amigos que também são pais/mães novatos, seja através de um telefonema ou de um e-mail.

Eis aqui algumas rápidas palavras de sabedoria colhidas aleatoriamente por pais novatos pelo mundo. Mantenha-as ao alcance, mesmo as que achar inúteis no momento.

Não sussurre enquanto o bebê dorme. Você quer que ele aprenda a dormir em situações um tanto quanto ruidosas, logo deve ser capaz de viver como uma pessoa comum enquanto ele dorme, sem medo de despertá-lo.

Pegue o bebê no colo de acordo com sua vontade. Algumas pessoas afirmam que pegar demais o bebê no colo pode estragá-lo. Isto simplesmente é falso. Não se pode estragar uma criança.

Escreva tudo. Não há necessidade de manter um "livro do bebê" muito detalhado, mas mantenha um registro do que seus filhos fazem e falam, para que não se esqueça.

Acredite nos seus instintos. Muitos pais novatos hesitam em ligar para o pediatra tarde da noite. Lembre-se de que pediatras esperam chamadas noturnas, e é bem melhor sentir-se seguro do que culpado.

Congele leite do peito em cubos plásticos para gelo. Quando o leite congelar, esvazie os cubos em sacos plásticos especiais para freezer, a fim de facilitar e tornar mais rápida a medição. Isso também evitará a perda de leite, uma vez que você terá que descongelar somente a quantidade de que precisar.

Instale o assento especial para bebês antes de o bebê nascer. Treine colocá-lo e tirá-lo. Levar o bebê para casa pela primeira vez pode ser bem estressante, se você não souber como um assento desses funciona.

Jamais acredite nas crianças quando disserem que não querem ir ao banheiro. Este é sempre o melhor conselho! Por tradição, meninos podem se segurar por mais tempo, mas principalmente as meninas precisam visitar o banheiro freqüentemente! Logo, da próxima vez que sair, antes de começar aquele passeio de carro, sentar-se em um restaurante ou ocupar seu lugar em um jogo de futebol, certifique-se de que eles já foram ao banheiro – porque antes que tenha posto os pés na estrada, que sua comida chegue ou o primeiro lance seja dado, você pode apostar que, de repente, eles precisarão ir!

29
ORGANIZE SUA VIDA

❦❦❦

A coisa mais frustrante do mundo é chegar à conclusão de que você se tornou uma dessas "pessoas desorganizadas" que você costumava criticar. Antes do nascimento do bebê, você se orgulhava por sua destreza organizacional, sua habilidade para se lembrar de detalhes e datas, e sua capacidade de manter a casa em ordem.

Então, o bebê chegou. Repentinamente você verificou que está sem leite, sabão ou selos. Esqueceu o aniversário do seu marido e seu próprio aniversário, e uma vez esqueceu até de pegar as crianças mais velhas no treino de basquete. A bateria do seu telefone celular ficou perdida por vários meses.

Não se desespere. Há esperança. Com perícia, você pode retornar à sua personalidade organizada.

Comece cada dia usando uns cinco minutos para anotar tudo que você precisa fazer ou lembrar. Organizar seu dia por escrito ajuda a definir prioridades... o que pode economizar, mais adiante, horas de confusão. Faça uma lista por itens, para facilitar a visualização. Ponha *tudo* nessa listagem, incluindo as coisas pequenas, como substituir o rolo de papel higiênico. É espantoso o que os pais e as mães têm capacidade de esquecer! Colocar um calendário enorme na cozinha parece coisa de maluco. Mas pendurar na geladeira um bloquinho de recados pode auxiliar na sua organização e de sua família. Escreva tudo – jogos de futebol, festas de aniversário, encontros das crianças para brincar na casa de amigos... e quaisquer atividades em que seus filhos estejam envolvidos. O objetivo é conseguir olhar a lista e saber o que está acontecendo a cada dia.

Peça ajuda... não apenas para seu marido, mas para seu filho mais velho! Uma criança de quatro anos pode colocar a mesa, e uma de oito anos pode lidar com a secadora. Irmãos mais velhos podem ajudar aos mais novos com os zíperes e botões, podem colocar leite na xícara ou ajudá-los a escovar os dentes. Recrute ajuda de todos quando as tarefas do seu dia forem excessivas.

Se você conseguir se multiplicar, será bem-sucedida. Com o bebê num cercadinho, você se surpreenderá o quanto poderá realizar. Poderá dobrar as roupas lavadas, abastecer a máquina de lavar roupas ou passar aspirador. Multiplique-se sempre que for humanamente possível: pique legumes para a salada do jantar, enquanto seu filho faz o dever de casa. Leve o bebê para passear enquanto planeja o projeto de ciências de sua filha para a escola. Só não tente fazer várias coisas ao mesmo tempo... Isso talvez faça com que você não finalize nada.

Logo que você se torna mãe, passa a desejar constantemente ter outro par de mãos pela casa. A realidade, porém, é que nunca há mãos suficientes para concluir tudo! Trabalhe com o que tem. Nunca sinta vergonha por estar atrapalhada ou por pedir ajuda.

30
NÃO ESCONDA SEUS SENTIMENTOS

❦❦❦

Especialistas em casamentos sempre sustentaram a teoria de que o primeiro ano com um bebê recém-nascido é um ano turbulento para os pais; algumas vezes fazendo com que o relacionamento literalmente acabe. Quando o homem e a mulher se transformam em pais, tudo muda. Cuidar de uma criança requer um imenso amadurecimento na evolução do relacionamento e um enorme senso de cooperatividade. Se isso for esquecido, os casais se desestruturam. Por esse motivo, é essencial estar atenta aos seus sentimentos e partilhá-los bastante com seu marido e com freqüência.

Com o primeiro filho, tudo é sempre teste e erro. Vocês provavelmente sentem-se tateando em seus novos papéis e questionando-se um bocado. Discutam seus problemas e sentimentos diariamente para resolver as falhas que surgem, com a mudança do estilo de vida.

Você talvez sempre se pegue aprendendo a fazer malabarismos com sua programação, para que o volume de trabalho seja razoavelmente distribuído. Experimente aliviar a carga com um caminho alternativo: de vez em quando mande as roupas para a lavanderia ou peça o jantar por telefone, para que vocês dois dêem uma parada. Pense talvez em deixar o bebê em companhia de uma babá, enquanto vocês saem para jantar.

Além do mais, a vida com um recém-nascido não precisa ser feita só de reclamações e obrigações. É essencial fazer um esforço consciente para terem momentos íntimos em família. Empenhe-se em valorizar seu marido, não direcione todo o seu amor e afeição para o bebê, economize algum para ele.

O mais importante: quando o estresse se fizer presente, demonstre-o abertamente! Não esconda seus sentimentos, pois isso pode levar somente a uma explosão de raiva. É saudável reclamar, todos o fazem, e é ainda mais saudável expressar seus sentimentos e frustrações. Lembre-se de olhar para isso de forma positiva. Em vez de acusar, exponha suas queixas gentilmente, por exemplo: "Eu realmente estou sentindo falta de ficar a sós com você."

Às vezes, quando um casal não consegue resolver um assunto, é melhor deixar passar um pouco. Parar, voltar atrás e rever o caso sob a perspectiva do outro pode lhes dar uma nova dimensão, fazendo-os concluir que o problema não é tão grave e confuso quanto parece. Negociações e considerações são as bases para um casamento de sucesso. O segredo é resolver o conflito em vez de permitir que aumente.

Para se manter um casamento saudável, é indiscutível a necessidade de um bom percentual de paciência e disposição. Mas no final das contas, lembrando de partilhar seus sentimentos e mantendo os canais de comunicação abertos, você pode suprir tanto seus filhos quanto seu casamento.

31

SOBREVIVENDO À ANSIEDADE DA SEPARAÇÃO

Todas as crianças passam por ansiedades. É algo realmente previsível e normal em fases específicas do desenvolvimento delas. Começa na faixa dos sete meses e vai até a idade pré-escolar, podendo algumas crianças, nos momentos em que se afastam dos pais, demonstrarem isso mais cedo.

Os acessos de fúria, choradeiras e ataques histéricos na hora que as deixa na escola ou com uma babá, certamente, envolvem sentimentos profundos. Medo de abandono é um sentimento que acomete muitas criancinhas. Deixá-las em situações como essas, somando-se à ansiedade de conhecerem e conviverem com novas pessoas, pode algumas vezes causar estresse suficiente para torná-las fisicamente doentes.

Se você percebe que seus filhos tornam-se ansiosos em certas situações, é importante prepará-los com antecedência. As crianças precisam conviver com novas pessoas, especialmente com adultos que não sejam seus pais. É importante para seu desenvolvimento social e para a paz de espírito dos pais. Impedindo que os filhos cresçam habituados a novas pessoas, acaba criando mais ansiedade para eles pela vida afora.

Antes do primeiro dia do seu filho no maternal, visite a escola com antecedência. Se possível, promova um encontro entre a criança e os professores, e uma familiarização com o prédio e as salas de aula. Passe algum tempo com seu filho na sala de aula, e estabeleça um local para dar "tchau" todas as manhãs e "oi" todas as tardes. Deixe a criança segura de que você estará naquele local para levá-lo para casa quando a aula acabar. Quando a aula começar, é importante que você cumpra seus planos e prossiga com a rotina de despedida preestabelecida (três beijos e três abraços) e então saia. Talvez haja lágrimas, e elas talvez ocorram sempre no mesmo momento a cada dia, por dias seguidos ou até por semanas, mas ele acabará aprendendo a confiar que você voltará para ele.

Se você não estiver devidamente preparada, deixá-lo com uma babá pode ser bem estressante. Antes de deixar seu filho a cargo da nova babá para sua primeira saída à noite, convide-a a sentar-se para "brincar" e passar um tempo com a criança, enquanto você está em casa. Dê ao seu filho um bom tempo, para que se sinta confortável com essa nova pessoa – com você por perto –, e seus temores por ser deixado sozinho, no final das contas, diminuirão.

É melhor começar a se separar de seus filhos quando novinhos – para que se acostumem às novas situações e às novas pessoas, e para que seus níveis de ansiedade sejam definidos. A separação desde cedo vai beneficiar enormemente seu filho e você, permitindo-lhes um pouco de independência.

32

CRIANDO FILHOS SEM MIMOS

Boa criação não significa ter certeza de que seus filhos estão felizes e têm tudo de que precisam. É principalmente ajudá-los a lidar com os reveses e as adversidades inevitáveis da vida de forma segura. Quando você está sempre disponível para resgatar seus filhos de todas as situações frustrantes ou dar-lhes tudo que querem, não está ajudando-os a aprender as difíceis e distintas habilidades de que precisam para sobreviver no mundo adulto.

Uma grande coisa que podemos fazer para não mimar as crianças é ensiná-las a reconhecer as necessidades alheias e de vez em quando dar prioridade aos outros. Enfatize o cuidado com o próximo e a generosidade. Demonstre pessoalmente essas virtudes e use cada experiência como uma chance para aprender.

De acordo com o crescimento de seus filhos, inclua assuntos financeiros. Proporcionar dicas de gerenciamento do dinheiro pode ajudá-los a aprender a viver com sucesso. Somente aprendendo a ganhar dinheiro, ao contrário de esperar sempre que você lhes dê, é que eles vão começar a entender o valor real do dinheiro. Não é previsível que seu filho de dez anos tenha um emprego de nove às cinco da tarde, uma vez que ainda estuda, mas ele pode procurar ocasionalmente um serviço perto de casa, pela vizinhança, e aprender a ganhar seu próprio dinheiro.

Dar mesada aos seus filhos pode ser uma arma poderosa para ensiná-los a gerenciar o dinheiro. Converse com eles sobre economizar, gastar e caridade. Permita com que façam suas próprias escolhas sobre como gastar o dinheiro deles, mas auxilie-os a entender os diferentes sentimentos de satisfação que acompanham os atos de economizar, gastar e doar o próprio dinheiro.

Crianças mimadas jamais ouviram "não" de seus pais. Os pais precisam estar certos de que a palavra "não" faz parte do vocabulário – e não devem se sentir culpados por usá-la. Dar às crianças tudo que querem não as ajuda a aprender a regra básica da vida: não se pode sempre ter tudo que se quer.

Pais de verdade devem fazer escolhas certas, buscando o benefício dos filhos. Isso não significa que seus filhos tenham sempre que gostar ou concordar com as suas escolhas. Mas uma vez que você as faz, sustente-as. Quando seus filhos percebem que você está propenso a desmoronar como um castelo de cartas, rapidamente aprendem como manipulá-lo para conseguir o que desejam.

33

QUEM AFINAL MANIPULA A ATENÇÃO DE NOSSOS FILHOS?

❦❦❦

Crianças compreendem o que significa uma boa conduta? E a maioria dos pais? Levando-se em conta a redução de pessoas que servem de exemplo, não é difícil entender por que ficou mais difícil educar filhos com uma boa conduta.

As crianças aprendem mais sobre boa conduta observando outros agirem corretamente. O dilema está no fato de que muitas pessoas que influenciam nossos filhos emitem modelos confusos. A característica muito aberta de nossa sociedade atual tem permitido que nossas crianças vejam comportamentos dos quais em gerações anteriores elas eram poupadas. O papel dos pais é superar as forças externas que perpetuam a imoralidade, sem se importar com os sentimentos alheios, e criar filhos com bons corações e almas decentes.

Pais dedicados necessitam ensinar aos seus filhos comportamentos como: cuidado, respeito, autocontrole, partilha, tolerância e integridade. É nossa responsabilidade alimentar as qualidades que irão sustentar o crescimento moral deles. Podemos fazer uso de modelos errados de comportamento para ensinar a eles valiosas lições, demonstrando o que as crianças não devem fazer.

A cada dia de convivência surgem novas oportunidades para estabelecer exemplos de maneiras corretas de agir na vida. Quando dirige, você deve ser cortês com outros motoristas; quando solicita refeições no restaurante, deve ser educada. Você tem uma valiosa vantagem sobre seus filhos em relação à variedade de exemplos externos – você passa mais tempo com eles do que os outros o fazem! Uma coisa é falar sobre o modo como se deve viver e ter esperanças de que as crianças captem a mensagem, e outra coisa completamente diferente é viver uma vida honrosa com o objetivo de apresentar um exemplo para seus filhos.

34

USE O ERRADO PARA ENSINAR O CERTO

❦❦❦

É você quem deve ensinar aos seus filhos o correto desenvolvimento moral. Uma vez que estão no processo de aprendizado do certo e do errado, há necessidade de criticá-los de tempos em tempos. A crítica deve ser construtiva, mas as crianças podem não ver isso claramente. Depois de serem criticados, eles talvez se sintam feridos ou mal-amados. É essencial, por esse motivo, usar de gentileza ao abordá-los, para que o caráter deles seja trabalhado, sem que se sintam ameaçados. Você deseja fazer críticas construtivas e não quer que seus filhos se coloquem na defensiva ou fiquem irritados.

Deve-se prestar atenção especial na conduta das crianças e na atitude delas em relação a outras pessoas do convívio social. Uma boa forma de ensiná-los é fazer com que se coloquem no lugar de alguém que está sendo discriminado: "Como você se sentiria se seus amigos da escola não o deixassem fazer parte do clube deles?" "Como você se sentiria se fosse você quem tivesse de consertar a janela da garagem, todas as vezes que a quebrasse com a bola?" Em vez de puni-los por comportamento ruim ou inadequado, esse método ajuda a construir e aperfeiçoar o caráter das crianças para o futuro. À medida que amadurecem elas passam a decidir se vão seguir as regras e leis impostas pela sociedade. É importante contribuir com a formação do desenvolvimento moral das crianças na mais tenra idade.

O caráter é formado como resultado da interação dos pais, dos modelos disciplinares equilibrados e pelas próprias escolhas das crianças. Logo, comece o mais rápido possível a ensinar o certo, a partir do errado; dessa forma, você conseguirá bem cedo moldar seus filhos e obter uma melhor sintonia para o desenvolvimento individual deles. Há perspectivas de que, como resultado final, seus filhos venham a ser aqueles que influenciarão outros, ajudarão os necessitados ou resistirão às mesmas pressões no futuro.

35
DÊ APOIO ÀS MENINAS

❧❧❧

As pesquisas demonstram que, quando as meninas iniciam o ensino médio, se sentem menos autoconfiantes do que no ensino fundamental, e se tornam a cada ano escolar mais inseguras. A mesma pesquisa, em contrapartida, identificou que os meninos, com o passar dos anos, ficam mais autoconfiantes. Pais, professores e mentores podem sentir um impacto significativo sobre como as meninas se vêem. Oferecendo o tipo certo de suporte, pode-se evitar muitos dos problemas de auto-estima que, normalmente, se enraízam nelas.

A aparência física pode ser um assunto delicado para as jovens meninas. Elas são perversamente julgadas pelas colegas quando não se encaixam nos padrões de beleza estabelecidos pela sociedade. Como resultado, o corpo dela torna-se o foco de sua atenção. E o que é pior, isso pode induzi-la a comer desordenadamente ou pode causar um desejo desesperado de fazer uma cirurgia plástica. Para ajudar o desenvolvimento saudável da auto-imagem de uma menina, a elogie pelas suas realizações e atos, em vez de chamar a atenção para seus cabelos, sua maquiagem e sua aparência. Lembre a ela que é uma pessoa esperta, valiosa, com grandes idéias e muito potencial. Muitas jovens nutrem sentimentos negativos em relação a si mesmas, devido ao fato de serem continuamente bombardeadas com o estereótipo da menina e da mulher perfeitas, que aparecem na televisão e nas revistas. Explique à sua filha que essas imagens e fotos são retocadas ou manipuladas por computadores, antes de serem expostas, e diga a ela que as modelos e atrizes correspondem somente a uma pequena parcela da população.

Incentive sua filha a envolver-se em esportes na escola. Fazer parte de uma equipe ou competir em um esporte individual é um ótimo caminho para que as meninas direcionem o tempo e a energia que, normalmente, concentrariam em assuntos superficiais, para atividades físicas saudáveis. Além disso, estudos mostram que as garotas que praticam esportes tiram melhores notas que as que não praticam. Estas meninas se acostumam a direcionar sua atenção em acontecimentos externos e em outras coisas além de si mesmas.

O mais importante: estimule sua filha a expressar suas opiniões. Diversas pesquisas provaram que as meninas são mais freqüentemente interrompidas quando falam do que os meninos. Por isso, elas talvez pensem que o que têm a dizer não é importante. Se uma menina aprende a utilizar sua voz regularmente e com segurança, as pessoas passam a ouvi-la e respeitá-la. Ensine-a também a falar de forma audaciosa. Os professores tendem a dar mais atenção e a resolver as questões de alunas que avançam de maneira presunçosa, do que para meninos que se comportam dessa forma. Eles valorizam as meninas por serem boas e comportarem-se bem, em vez de serem aventureiras, como os meninos são, na opinião delas. Dar à sua filha oportunidade para solucionar seus problemas por si mesma pode projetar um caminho para elevar sua auto-estima.

36
A IMPORTÂNCIA DAS BABÁS

Deixar seus filhos com uma babá é importante por diversas razões: a mais óbvia é que proporciona algum tempo valioso a você e ao seu marido, sem as constantes interrupções para atender às necessidades das crianças, lhe dá a oportunidade de fazer uma refeição, tomar um golinho de café ou simplesmente ver um filme sem interrupções. É claro que você ama seus filhos, mas algumas vezes atender às suas demandas pode colocar um pesado fardo em seu bem-estar. Antes que o peso comece a interferir na qualidade do tempo que você passa com eles, deveria considerar a possibilidade de contratar uma babá.

Uma outra razão é que é importante lançar mão de uma babá com certa freqüência para que seus filhos usufruam o benefício de interagir com outros adultos ou adolescentes, além de você e seu marido. Crianças bem pequenas, especialmente, tendem a desenvolver relações de afeto com as suas babás; relações estas que irão satisfazer as necessidades que você e os irmãos delas não podem.

Para selecionar uma babá é preciso agir com cuidado. Cheque sempre as referências quando entrevistar uma candidata. Jamais deixe seus filhos com alguém que você não conheça. Peça referências de pessoas (que não sejam parentes) que conheçam bem a babá e que possam verificar se ela é confiável, responsável e qualificada para cuidar de crianças.

Não subestime a importância de uma entrevista. Você precisa dispensar uma boa dose de tempo para conhecê-la, conversando e aprofundando-se na experiência dela como babá. Faça perguntas diretas, como: "Você tem experiência com crianças?", ou "Você já cuidou antes de duas crianças ao mesmo tempo?" Faça também perguntas hipotéticas como: "O que ela faria se seu filho caísse e machucasse o joelho?" A babá que você escolher deve estar apta a lhe dar uma resposta rápida e positiva.

Tenha certeza de que sua babá tem conhecimentos de primeiros socorros e capacidade física para desempenhá-los. Acidentes podem ocorrer a qualquer hora, mesmo que você dê apenas uma saidinha. Se sua babá não tiver conhecimento de primeiros socorros, insista para que aprenda em algum lugar. O centro comunitário local e as escolas normalmente oferecem treinamento por uma pequena taxa.

Por mais baixo que seja o nível de ansiedade que seus filhinhos tenham, permita-lhes que estejam familiarizados com a babá contratada, antes de deixá-los sozinhos pela primeira vez. Solicite que ela, nas primeiras vezes, chegue algumas horas antes de você sair; assim, as crianças podem travar conhecimento com ela numa atmosfera confortável. (Lembre-se de pagar-lhe por esse tempo extra.)

Finalmente, acredite nos seus instintos! O fato de uma amiga estar acostumada e gostar de alguém não significa que essa pessoa é a adequada para seus filhos. Você pode ter reservas sobre essa babá, ou talvez algo a irrite nela. Se tiver *qualquer* sentimento ruim sobre alguém, não pense duas vezes em excluir essa pessoa da sua lista de candidatas!

Uma vez que você contrata uma babá, certifique-se de lhe passar todas as informações importantes. Dê uma circulada pela casa com ela e mostre-lhe onde fica cada coisa: o quarto das crianças, os banheiros, as guloseimas, o interruptor, as lanternas, o kit de primeiros socorros e, é claro, uma lista com todos os telefones de emergência.

Escolher a babá certa é uma grande decisão. Dispensar algum tempo para conhecer uma babá e sentir-se confortável com sua decisão beneficiará imensamente tanto a você quanto aos seus filhos.

37
RELEVE UM POUCO AS ATITUDES DO SEU ADOLESCENTE

❖❖❖

Quando seus filhos tornam-se adolescentes, eles essencialmente estão se preparando para se separarem ou se tornarem independentes da família. Isso vai demorar ainda alguns anos, mas realmente eles começam a se preparar para isso. Adolescentes, com freqüência, iniciam essa individualização rebelando-se. Desafiam regras e valores como uma forma de estabelecer a individualidade deles. Possuem agora uma elevada necessidade de privacidade, que lhes proporciona um grande senso de controle e independência. Eles estão testando as coisas por si mesmos, tentando ver se podem fazer as escolhas certas, sozinhos e sem você.

Quando agirem de modo rebelde, rude ou desleal, considere que as mudanças são típicas dessa fase. As mudanças hormonais podem causar oscilações de humor, acessos de choro, elevação da sensibilidade e risos em momentos inapropriados. Releve um pouco da próxima vez que explodirem – quando tudo que você fez foi perguntar o que queriam para o jantar.

Adolescentes também mudam a maneira de se relacionarem com o sexo oposto. As coisas agora são diferentes. Onde só havia amizade, podem emergir relações românticas, ambivalentes, ou até o aprofundamento de emoções negativas. Antes seus filhos sentiam-se todo-poderosos e conscientes em relação às suas escolhas e ao espaço que ocupam no mundo, agora estão conhecendo sentimentos novos de fracasso e inadequação.

Logo, dê-lhes algum tempo, e isso passará. Você terá aquela proximidade novamente, pelo menos um pouco dela, antes que saiam de casa para estudar em outra cidade ou para viver por conta própria! Uma dica, em caso de desespero por querer alguma conexão com um adolescente, espere até que ele se aproxime de você. Quando o momento certo chegar, seu filho virá até você para uma aproximação sincera. Enquanto esse momento não chega, apenas espere e não pergunte o que ele quer para o jantar de novo.

38
CURTA SEUS FILHOS COMO SE CADA DIA FOSSE ESPECIAL

❧❧❧

Brincar com os filhos diariamente é importante, pois o aproxima deles. Mas alguns pais têm mais facilidade para fazer isto. Embora uns tenham o desejo e a boa vontade, simplesmente não têm paciência para brincar com os filhos, outros talvez se sintam desconfortáveis em sentarem-se no chão e alguns podem apenas achar chato os joguinhos infantis. Isto não significa que um ou outro ame menos os filhos. Mas, se por outro lado, você tem se esforçado para brincar com as crianças e não consegue desenvolver essa habilidade, com certeza possui tudo do que precisa para aprender a partilhar esse momento íntimo e feliz com eles.

Pergunte-se se gosta de brincar com as crianças e com que freqüência você reserva um tempinho para isso. Existem muitas dificuldades para que consiga se divertir com elas? Crie um método para evitar esses obstáculos. Planeje o momento de brincar, com antecedência. Abra uma brecha de trinta minutos no seu dia para que possa brincar com um mínimo de interrupções. Desligue a televisão, tire o telefone do gancho ou coloque-o na secretária eletrônica.

Crie um ambiente de cumplicidade perguntando às crianças do que querem brincar. Normalmente são os pais que decidem qual brinquedo ou jogo vai ser usado, mas as crianças aprendem e participam mais quando escolhem qual o tema e o ritmo da brincadeira. E, o mais importante, isso aumenta a concentração, o prazer, e melhora o comportamento delas! Se houver alguma brincadeira que, decididamente, você não possa fazer, ofereça diversas opções de escolha para seu filho. Não finja que está se divertindo quando não estiver, eles irão perceber imediatamente. Mantenha o armário de brinquedos de seus filhos abastecido de jogos interessantes e divertidos para que todos possam curtir.

E mais, tente ir para o chão! Mesmo que você não seja do tipo que vai para o chão participar de uma partida de Twister, envolver-se com as crianças em brincadeiras que promovam a aproximação de vocês, numa forma agradável e informal, aumenta a satisfação delas e ajuda-as a se soltarem. Não tenha medo de parecer maluca ou boba, se o jogo apelar para esse lado.

Tente manter a exaltação: "Que grande lance!", ou "Seu navio de Lego está fantástico!" Elogios como estes ajudarão seus filhos a adquirirem auto-estima e irão motivá-los a serem mais empreendedores. E, o melhor de tudo, quando você partilha essa meia hora de atividade com eles, está criando uma inevitável proximidade entre vocês e abrindo uma porta de comunicação por meio de uma atmosfera divertida e relaxante.

39
CONSELHOS A *NÃO* SEREM SEGUIDOS!

Mesmo antes do nascimento do bebê, você é invadida por conselhos bem-intencionados por parte de seus pais, cunhadas, vizinhos, médicos, amigos e até por parte de estranhos num parque. Muitos desses conselhos terão utilidade e serão imensamente apreciados, mas muitos deles, embora bem-intencionados, não farão o menor sentido para você!

Muitos dos preciosos conselhos sobre como criar filhos, que passaram de gerações em gerações, sofrem influências de superstições. Diversos deles são baseados em suposições falsas que, em algum tempo, podem ter sido consideradas verdadeiras. Verifique alguns deles:

Quando os dentes nascem, os bebês têm febre e diarréia.
Se seu bebê tiver febre acima de 38°C, chame o médico, mesmo que estiverem nascendo montes de dentes nele. O nascimento de dentes pode provocar uma febre baixa, mas não causa febre alta, o que indica outros problemas. Seguindo a mesma linha, o nascimento de dentes e a salivação não causam

diarréia, podem fazer com que o intestino do bebê fique um pouco mais solto que o habitual, mas se seu filho estiver com uma forte diarréia leve-o ao médico.

Uma gotinha de óleo infantil diminui a dor de ouvido do bebê. Não! Não ponha nada no ouvido do seu filho. Somente um médico pode retirar a cera do ouvido dele – você jamais deve tentar fazer isso em casa.

Deixar o bebê em pé no seu colo faz com que fique de pernas arcadas. Uma coisa não tem nada a ver com a outra. Muitos bebês têm as pernas arcadas quando nascem, devido à posição que ficam no ventre materno. Se seu filho gosta de ficar de pé no seu colo, enquanto você segura suas mãos, está somente exercitando os músculos das pernas.

Seu bebê ficará doente se sair sem agasalho ou touca. Este é um conceito muito errado. Resfriados são infecções por vírus, não se pode pegar um resfriado saindo sem agasalho. Só se fica resfriado quando em contato com a secreção infectada de outra pessoa. Pegar friagem ou umidade não enfraquece o sistema imunológico nem causa doença. Os resfriados são mais comuns nos climas frios e úmidos, porque é quando as pessoas tendem a permanecer em ambientes fechados com uma maior proximidade física. Por outro lado, quando estiver frio, vista adequadamente seus filhos, com casacos, chapéus e luvas.

Crianças que usam andadores aprendem a andar mais cedo. Os ortopedistas afirmam que os músculos que os bebês utilizam para impulsionar um andador não são os mesmos usados para caminhar. Entretanto, quando colocamos um bebê num andador, ele anda um pouco mais cedo do que os que nunca o usaram. Muitos médicos desaconselham a compra de andadores, uma vez que há muitas ocorrências de acidentes em degraus com bebês em andadores. No caso de você gostar de ter seu filho em pé e movimentando-se, providencie um "andador" que seja imóvel.

Álcool na água do banho do bebê diminui a febre. Quando o bebê tem febre alta, um banho tépido e um pouquinho de acetamida ou ibuprofeno pode ajudar a diminuí-la. Você jamais deve usar álcool na água do banho ou para esfregar o bebê, uma vez que este pode ser absorvido pela pele e causar problemas.

Dê alimento sólido ao bebê, se quiser que ele durma durante a noite. Introduzir alimentos sólidos na dieta de um bebê com menos de quatro meses pode ser prejudicial. O sistema imunológico dele está trabalhando para evitar que as proteínas externas penetrem e causem reações alérgicas. Introduzir sólidos cedo, antes que este sistema esteja pronto, pode predispor a criança a alergias.

40
"DE QUEM VOCÊ GOSTA MAIS?"

Se você tem dois ou mais filhos, não tenha dúvidas de que os ouvirá perguntar: "De quem você gosta mais?" Para uma mãe, esses questionamentos, quando ouvidos, provocam quase sempre um choque, principalmente devido ao esforço que ela faz para dar a todos porções iguais de amor. Não há meios de convencer seus filhos de que você ama todos da mesma maneira. O melhor a fazer é tratá-los o mais igualmente possível e amar muito todos eles!

Ame todos os seus filhos de maneira incondicional, por serem quem são. Ajude os irmãos a perceberem que, mesmo sendo diferentes, são amados e admirados pelas coisas únicas que os fazem especiais. Você reduzirá a freqüência da pergunta: "De quem você gosta mais?", seguindo, com segurança, algumas regras básicas de abordagem na criação deles.

Preste igual atenção a todos os seus filhos. Ensine-lhes que é certo requisitar atenção e que essa atenção chega de diversas formas. As crianças devem também ser encorajadas a dedicar alguma atenção aos seus irmãos.

Conduza os sentimentos deles. Ao contrário de tentar evitar a rivalidade entre irmãos, ensine-lhes a importância de partilhar e auxiliar uns aos outros. Ajude-os a expressar seus sentimentos de ciúmes e a restringir esse sentimento às palavras em vez de gestos.

Quando seus filhos aprenderem a relacionarem-se de forma mais disciplinada, irão sentir menos competitividade e ciúmes uns dos outros. Dê ao mais velho alguma responsabilidade em relação aos menores. Peça para que ajude os mais novos a fazer curativos em pequenos machucados ou a carregar seus brinquedos para os quartos deles. Estimule-os a confortar e cuidar uns dos outros, quando algum deles estiver machucado ou triste. E, sempre que possível, dê-lhes tarefas que exijam um trabalho em conjunto. Limpar o quartinho de brinquedos da família ou arrumar a mesa para as refeições vai ajudá-los a aprender o valor do trabalho em equipe.

O mais importante é lembrar que, ao lidar com a rivalidade entre irmãos, não se deve nunca comparar as crianças. Comparações entre irmãos criam uma atmosfera competitiva. Trate-os como iguais, mesmo quando os estiver disciplinando. Quando recebem a mesma atenção, ao mesmo tempo e com a mesma duração, nenhum deles pode concluir que é mais importante do que o outro.

Reduzir a rivalidade entre irmãos ajuda os filhos a passarem pelas situações competitivas da vida, sem a preocupação de ter de se igualarem aos outros. Diminuir a rivalidade entre irmãos significa valorizar cada criança separada e independentemente do outro e encorajá-los sem comparações.

41

ESCOLHA SABIAMENTE AS PALAVRAS

❧❧❧

Por mais tentador que seja dizer ao seu filho que está fazendo um escândalo no supermercado: "se você não parar, vou deixá-lo aqui", é importante entender que declarações como essa, embora sem intenção, têm um imenso impacto negativo sobre as crianças. As palavras usadas na comunicação são fundamentalmente importantes para a auto-estima, a saúde emocional e auto-afirmação dos seus filhos. Palavras podem engrandecer ou reduzir. Palavras podem enaltecer ou envergonhar, encorajar ou reprimir. Você precisa ser cuidadosa com as palavras usadas ao tentar controlar seus filhos, porque elas podem causar danos e prejuízos à essência deles.

O pior medo das crianças pequenas é de serem deixadas sozinhas ou de se perderem. Ameaçar as crianças jogando com seus medos de abandono não é inteligente. Apesar de estar se sentindo com raiva devido ao comportamento da criança, não perca o controle. Pare, respire fundo e apresente uma solução para acabar com a manha. Depois, prudentemente, escolha as palavras a serem colocadas.

Há muitas frases que os pais normalmente deixam escapulir e que podem ser tão prejudiciais quanto a mencionada anteriormente. Conheça-as para evitar o uso delas num momento de crise.

"Jamais quisemos filhos!", ou algo que expresse isso, é uma frase inaceitável por parte dos pais. Não importa o que os filhos tenham feito, e o tom de voz que se use, esse tipo de reação é totalmente inadequado. Se você se pega constantemente com esse tipo de sentimento ou pensamento, procure a ajuda de um profissional.

"Vocês deveriam se sentir envergonhados!" Vai deflagrar sentimentos de culpa nas crianças. A verdade é que, se as crianças forem abatidas por esse sentimento, vão sossegar. O mau comportamento talvez pare, mas essas palavras vão reverberar no íntimo delas, trazendo sentimentos de culpa e vergonha. Pergunte-se: Essa é a sua verdadeira intenção para com seus filhos?

"Por que você não pode ser um pouquinho como seu irmão?" Diga isto para as crianças e não estará somente contribuindo para a rivalidade entre os irmãos, mas estará instigando-a. Quando comparamos nossos filhos, sempre acabamos por fazer algum deles pensar que não é bom ou esperto o suficiente.

"Deixe-me fazer isto para você, está demorando muito!" Assumindo e fazendo coisas para as crianças que elas são capazes de fazer sozinhas faz com que elas se sintam sem importância e inúteis. Todos caímos nesse erro de vez em quando, porque estamos sempre apressados e tentando economizar tempo. Mas, a longo prazo, acabamos tendo mais trabalho. Se a cada momento você ficar fazendo as coisas para seus filhos, eles acabarão presumindo que você estará sempre disponível para cuidar das coisas, o que vai impedir o desenvolvimento da maturidade deles e limitar-lhes a capacidade.

O fato de ter usado uma ou mais dessas frases com seus filhos antes não significa que você goste de insultá-los ou que seja cruel. Mas você é culpado por comunicar-se de maneira negativa, podendo propiciar danos emocionais. Estando advertida de certas frases e suas implicações negativas, você pode abster-se de usá-las no futuro. As crianças são flexíveis e corresponderão às suas delineações. Encontre outros termos para substituir os apresentados aqui, e as coisas que você mencionar terão um efeito poderoso e positivo sobre suas crianças.

42

NOITE DE JOGO EM FAMÍLIA

❧ ❧ ❧

Manter habitualmente uma "noite de jogo em família", seja uma vez por semana ou por mês, é o caminho perfeito para construir uma harmonia familiar. É algo que você pode começar enquanto as crianças ainda são pequenas e continuar até que estejam na adolescência. É verdade que com adolescentes talvez você encontre um pouco mais de resistência, mas, se estiver determinada a colocar isso em prática, insista para que a dedicação à noite do jogo em família seja uma regra familiar, sem possibilidade de exceções.

Faça com que essa noite seja especial, distinguindo-a de todas as outras. Ela deve ser uma noite em que a televisão, o telefone, o trabalho e mesmo os videogames sejam proibidos. As crianças podem oferecer resistência, mas uma vez que vejam o quão agradável pode ser, vão mergulhar de cabeça na idéia e começar a aguardar a noite de jogo com expectativa.

Em cada noite de jogo, um membro diferente da família seleciona o jogo, e outro escolhe e prepara o lanche. Se você tiver filhos pequenos, inclua-os tanto na seleção do jogo quanto no preparo do lanche. Dê ao adolescente resistente a tarefa de selecionar o jogo pela primeira vez.

Lembre-se: a proposta da noite de jogo em família busca melhoria na qualidade do relacionamento familiar, não incluindo discussão de problemas, trabalhos escolares ou punições. É um momento para diversão e nada mais. Tente alterar o local da atividade tanto quanto possível: indo talvez para uma quadra ou substituindo por um cinema – contanto que seja na noite estabelecida. Muitas livrarias possuem espaços para que as pessoas fiquem jogando nas mesas. Tenha em mente que, no final das contas, não importa o que façam, desde que o façam e não importa onde vocês façam, desde que façam em conjunto!

43

SOBREVIVER ÀS FÉRIAS
EM FAMÍLIA

❧❧❧

Quando você tem crianças, sua viagem em família deixa de ser chamada de "férias" – deveria ser batizada de "realocação". Você desempenha as mesmas tarefas de seu dia-a-dia, alimenta as crianças e as mantém ocupadas e longe de problemas. Deveria haver mais que uma simples mudança de cenário para ser chamada de férias. Você consegue sobreviver uma semana longe de casa com seus filhos?

A resposta é sim, você consegue. Mas seja realista quando planejar uma viagem de férias com suas criancinhas. Escolha locais agradáveis para crianças, a fim de que elas aproveitem da melhor forma possível. Esteja certa de que você estará cheia de malas. A quantidade de parafernália que precisa levar para seus filhos pode ser esmagadora. Fraldas extras, cobertas, bichos de pelúcia e qualquer coisa que os faça se sentirem em casa, enquanto estiverem fora dela.

Não vá para um lugar como a Europa, sem ter certeza de que tem mais do que um número suficiente de atividades, para manter as crianças ocupadas. Sete dias de turismo em Paris não oferecem nada de excitante, para uma criança de três anos ou menos. Se você precisa ir para um lugar como esse, com crianças pequenas, pesquise muito antes. Encontre os melhores parquinhos que há em Paris, e consiga uma relação dos melhores museus infantis. Em vez de visitar o Louvre nessa viagem, passe um dia inteiro fazendo piquenique em Versailles.

Quando as crianças são mais velhas, pode-se fazer com que as férias fiquem mais parecidas com férias de verdade, preparando entretenimentos com antecedência para elas, paralelos aos seus. Uma criança de onze anos não precisa de sua atenção em tempo integral, mas ainda precisa de entretenimento. Deixe-a escolher livros para levar. Essa é também a ocasião perfeita para permitir o acesso ilimitado a um videogame portátil. Permita que leia e jogue tanto quanto queira durante a viagem. As férias são dela também. Uma chance para ler com conforto e jogar sem preocupações.

Nas férias, não importa a idade que tenham, seus filhos precisam de muitas oportunidades para correr para lá e para cá, e gastar o excesso de energia. Tente caminhar o máximo possível, visitando pontos turísticos ou simplesmente passeando e, sempre que puder, leve-os a parques. Planeje bastante tempo livre para essas atividades. Você se sentirá menos afobada, e as crianças sentirão que você está dedicando algumas atividades a elas.

Em viagens de férias, é útil lembrar que seu filho de onze

anos ainda é uma criança. Ele ficará com fome, cansado ou aborrecido, e você terá de limitar suas próprias expectativas. Talvez ele não consiga subir até o topo da Estátua da Liberdade ou fazer a visita completa ao Air and Space Museum. Logo, seja flexível e leve as queixas dele a sério. Você e seu marido podem separar-se por um momento e buscar alternativas para todos da família. Visite os pontos turísticos de forma rápida e suave. Pesquisar, antes da viagem, sobre os pontos turísticos a serem visitados, faz com que as férias fiquem mais interessantes para as crianças. Consulte a Internet ou vá à livraria e forneça-lhes uma prévia do que visitarão. Isto poderá criar excitamento e entusiasmo para eles, e fazer com que achem as coisas menos entediantes.

A melhor maneira de tirar o máximo proveito das férias em família é estar preparada e ser flexível. Não esqueça que, se as crianças estiverem felizes e estimuladas durante sua viagem, você poderá relaxar e se divertir!

44
SEJA SEMPRE EDUCADA!

O segredo para ensinar respeito às crianças está no exemplo que você transmite. Se elas forem tratadas com respeito, aprenderão o que significa respeitar os outros. Se falarmos com educação com as crianças, elas aprenderão a falar com os outros educadamente.

É melhor começar a construir a base do respeito mútuo bem cedo. Apesar de as crianças pequenas não compreenderem realmente o comportamento que se espera delas, lá pelos três anos, geralmente, sabem diferenciar o certo do errado e estão cientes de que o comportamento delas pode afetar os outros. Por isso, é importante preparar a criança, desde bem cedo, para o convívio social.

Primeiro você tem de definir para as crianças palavras como "respeito", "condutas" e "delicadeza". Uma maneira é explicando-lhes que condutas são como regras. As crianças pequenas são muito suscetíveis à inviolabilidade de regras. Sabem, por exemplo, que para jogar beisebol precisam primeiro aprender as regras. Se querem jogar um jogo de tabuleiro, precisam primeiro aprender as regras. Recorra a isso para lhes ensinar sobre conduta. Explique que as pessoas precisam de algumas regras para saber como agir umas com as outras. Algumas dessas regras traduzem boa educação e respeito, ilustre com: "por favor" e "obrigado". Outras relacionam-se ao respeito aos outros. Exemplifique com: devemos evitar palavras ou frases como "bobo" ou "cale a boca". E outras se relacionam às formas de tratamento que os adultos usam, quando se tratam com deferência, como, por exemplo: "Sr." e "Sra.". Repreender constantemente os filhos, enquanto pequenos, reforça essas regras, e eles passam a agir de acordo com elas. Respeitar e agir educadamente se torna automático.

Quando os padrões de conduta social são explicados de maneira clara, eles se tornam claros para as crianças. À medida que ficam maiores, a interação social torna-se mais ampla, porém com reforços constantes essas bases da boa educação serão estabelecidas naturalmente.

Não obstante os melhores esforços, lembre-se de que crianças são crianças. Seu filho adolescente, apesar de seus repetidos esforços para estabelecer exemplos de respeito e educação, ainda vai lhe responder rudemente e seu pequeno de cinco anos ainda chamará um adulto de "bolota de banha". Antes de morrer de vergonha ou de punir seus filhos para o resto da vida, pense que todos dão uma escorregadinha de vez em quando e, se eles estiverem habituados a ouvir o tempo todo sobre respeito mútuo, será mais fácil voltar aos eixos, depois de uma sacudidela. Com seu amor e compreensão, no final das contas, eles serão capazes de aprender a respeitar os outros e a agir educadamente em sociedade.

45

"NÃO FUI EU"

❧❧❧

Você está diante de uma tigela de cereais virada e uma poça de leite no meio do carpete, olhando para as caras de culpa dos seus três filhos. "Quem derramou o cereal?", você pergunta.

Nenhum deles admite nada para você. "Não fui eu", eles dizem.

Mas seu caçula não consegue se conter e, finalmente, deixa o segredo escapulir incriminando o mais velho, que olha para baixo culpado.

Como cooperar com o pequeno mentiroso? Como fazê-lo compreender que se espera verdade dele o tempo todo, sem exceções? As crianças temem ser punidas, como resultado de sua má conduta, e têm pavor de dizer a verdade quando isso significa que serão punidas ou que perderão algum privilégio, mas precisam saber que as mentiras, pequenas ou grandes, têm enormes conseqüências, e que essas conseqüências não são referentes à punição advinda do ato de mentir, relacionam-se à honestidade e à confiança.

Ensine às suas crianças que você valoriza a honestidade. Incentive-as a serem honestas e a acreditarem que mesmo que façam algo errado, vocês poderão resolver o problema juntos. Não dirija sua atenção à mentira, por si só. Na situação anterior, por exemplo, deixe que seu filho saiba que você entende que foi um acidente, e que acidentes acontecem. Concentre-se mais em limpar a sujeira do que em quem sujou. Reforce que mesmo a mamãe às vezes derrama coisas e comete alguns erros. Dessa forma, ele não terá tanto receio de lhe dizer a verdade em uma próxima vez. Faça com que ele a ajude a limpar e tente inserir um pouco de humor à situação, para acalmar os ânimos. Isso fará com que seja mais fácil para seu filho admitir sua responsabilidade.

Tente não valorizar muito o prejuízo causado! Sim, talvez o carpete tenha sido caro e talvez a mancha de leite jamais saia completamente. Mas se demonstrar isso muito claramente perante seu filho, ele ficará muito amedrontado para lhe contar a verdade. Deixe-o saber que você sabe que ele é culpado, e lembre-lhe, numa voz firme, porém não rispidamente, que ele não deveria ter mentido. "Seu irmão e sua irmã viram você derramar seu cereal – por favor não minta mais daqui em diante."

Repreenda seu filho e explique-lhe que mentir é inadmissível. Você terá de recorrer a uma punição ou privá-lo de algum privilégio, mas esteja certa para que a punição seja proporcional à mentira. Se seus filhos compreenderem que há algumas conseqüências decorrentes da mentira, pensarão duas vezes antes de mentir de novo.

O mais importante: uma vez que tentamos passar para nossos filhos o valor da honestidade, jamais devemos nos deixar sermos pegos numa mentira! Todos cometem uma mentirinha inocente vez por outra, portanto cuide do que diz na frente das crianças. Com crianças pequenas em casa, por volta de três, quatro anos, não fale para um parente que tenha telefonado no dia anterior tarde da noite que você estava no banho, pois há uma criancinha por perto e ela sabe perfeitamente que você estava assistindo à televisão. Você estará passando uma mensagem confusa para ela.

Honestidade constrói confiança. Queremos que as crianças percebam a importância da confiança. Precisamos confiar nelas, e elas precisam confiar em nós – em quaisquer circunstâncias. Explique-lhes que mentir sobre uma besteira, como derramar leite, não é terrível por causa da sujeira, mas sim devido à mentira. Diga-lhes que, da próxima vez, se eles disserem a verdade, seja ela qual for, você promete que não vai puni-los.

46
TRABALHO EM TEMPO INTEGRAL

❧❧❧

Com todo o estresse que vem junto com o primeiro bebê, ou com um bebê a mais – é fácil ser apanhada num redemoinho de atividades diárias, correndo, fazendo e cumprindo horários, sem encontrar tempo para um minuto sequer de sossego. Algumas vezes, o estresse é insuportável, mas você não pode sucumbir. Você ama seus queridos filhinhos, mas gostaria que não fossem tão dependentes.

Mães que trabalham fora, freqüentemente, se sentem culpadas por estar fora de casa e tentam compensar fazendo todas as vontades, quando estão em casa. O que a maioria das mães que ficam em casa podem dizer sobre isso é que cuidar de crianças não é um trabalho de tempo parcial, é sim de tempo integral. E é impossível dar conta de um trabalho de tempo integral noite adentro. Se você trabalha de nove às cinco horas da tarde, aí vão algumas dicas que indicam que é inútil "fazer todas as vontades". Se houver recursos financeiros para evitar o trabalho fora, você e seu marido devem repensar sua condição de mãe que trabalha.

Os casais morrem de medo de tomar essa decisão – e é compreensível. Ambos trabalharam muito duro na construção de suas carreiras, e nenhum deles quer colocá-la de lado – sem mencionar os benefícios financeiros de se ter duas fontes de renda. Além do mais, criar filhos pode ser custoso, mas é preciso que vocês sejam honestos consigo mesmos. A família está funcionando adequadamente dessa forma? As crianças estão felizes? Você está trazendo para casa dinheiro extra o suficiente – incluindo o custo de se ter alguém para cuidar das crianças –, para contribuir com a melhoria da qualidade de vida da família?

Seja como for, não é uma decisão fácil. Mas, se você se encontra insatisfeita com a quantidade de tempo que fica com seus filhos e tem alguma flexibilidade em seu trabalho, é o momento de grandes mudanças. Ninguém vai fazer pouco caso de você se sair de seu emprego para ficar com as crianças, ou se passar a trabalhar meio expediente. Na realidade, muitas pessoas encaram essa decisão. Talvez seja hora de apertar os cintos, restrinja-se às necessidades básicas para vocês e as crianças, e mude. Pese todos os prós e os contras de você ou seu marido deixar o emprego. Qual de vocês ganha mais? Quem trabalha mais perto de casa? Qual dos dois tem um patrão que permite trabalhar três dias por semana?

É quase certo que todos ficarão mais felizes com essa nova decisão. O nível de energia vai se elevar rapidamente e você vai se questionar por que dava prioridade ao trabalho fora de casa ou ao trabalho em tempo integral. É claro que precisarão cortar um pouco os supérfluos, mas o que é uma máquina de lavar louças nova ou um novo par de sapatos, comparados ao tempo extra que você tem com os seus filhos?

47

AJA, NÃO REAJA, AO MAU COMPORTAMENTO DO SEU FILHO

❦❦❦

Na próxima vez que seu filho tiver um ataque de raiva ou de manha, encare isto da seguinte forma: ele está agindo assim para atrair sua atenção. É fácil ser envolvida pela encenação e começar a tentar fazê-lo parar, mas o que se deve fazer é procurar um lugar na platéia e esperar que a performance chegue ao fim!

Pais de crianças que se comportam mal precisam compreender o que está por trás do mau comportamento e, o mais importante, aprender a não levar para o lado pessoal. Encaramos sempre os atos dos nossos filhos de forma pessoal e reagimos gritando, discutindo ou agindo severamente.

Os especialistas dizem para agirmos, em vez de reagirmos, aos maus comportamentos infantis. Devemos ser objetivos, conquistar a confiança das crianças, comunicando-nos com elas e ajudando-as a aprender a resolver sozinhas seus conflitos e problemas.

Uma mãe que quer zelar pela paz está sempre tentada a intervir e intermediar quando há um conflito. Por exemplo: seus filhos estão brigando no cômodo ao lado e um deles entra no seu quarto em prantos; depois de se certificar de que nenhum deles foi fisicamente ferido, decida ficar fora do assunto! Não se deixe envolver pelo drama todo. Em vez disso, calmamente diga: "Não vi o que aconteceu, logo não faz sentido tomar qualquer partido, voltem para lá e resolvam sozinhos o problema."

Com o uso de influências lógicas e naturais como alternativas de ameaças e punições, os pais podem começar a ajustar o comportamento dos filhos. Não é uma abordagem simples, mas uma vez que seja dominada a prática desse tipo de disciplina suas crianças deixarão de se rebelar (desde que você não chame a atenção delas para isso) e aprenderão a resolver seus problemas sozinhas.

48

VIVA TEMPORARIAMENTE EM FUNÇÃO DO BEBÊ

❧❧❧

Comemore quando o bebê completar um mês! Você sobreviveu. O primeiro mês com um recém-nascido pode ser comparado a um acampamento, onde o limite de sua resistência física e mental é testado. Se você está no começo do trigésimo dia de acampamento, eis aqui algumas dicas para facilitar seu ingresso ao segundo mês.

Troque a mensagem da secretária eletrônica. Assim que chegar da maternidade com o bebê mude a mensagem para que todos que ligarem recebam as informações importantes sobre o bebê: seu nome, hora do nascimento e peso; e informe quando você poderá ligar de volta. Deixe, então, que a máquina atenda às chamadas por uns dias.

Prepare as refeições com antecedência. Seu objetivo é tornar o primeiro mês com o bebê o menos estressante possível, para isso você deve, de vez em quando, renunciar a algumas responsabilidades, e tirar o avental de cozinheira é uma forma simples de fazer isso.

Contrate uma faxineira. Se você sempre foi do tipo que cuida de todos os serviços da casa, este é o momento certo para delegar essas tarefas. O bebê absorverá muito do seu tempo, se não todo ele, e os afazeres da casa podem vir a ser mais do que você pode suportar. Se o orçamento estiver apertado, peça, estrategicamente, ajuda à sua mãe, à sua sogra ou a uma boa amiga.

Quando alguém oferecer ajuda, aceite! Seja para ir à farmácia ou para lavar roupas, aceitar ajuda num momento como este não é vergonha alguma, todos estão sempre ansiosos para ajudar uma nova mamãe. Não tenha medo de pedir.

Informatize-se! Crie um *web site* para o bebê. Os amigos poderão ver vídeos, deixar mensagens e se quiserem poderão comprar presentes para o bebê – tudo isso através do *site*. Você também pode usar a Internet para fazer o seguro de saúde do bebê, comprar utensílios para ele, pagar contas e evitar a confusão de ter de sair de casa.

Crie uma estação infantil na cozinha! Separe um armário só para as mamadeiras e parafernálias do bebê, papinhas, babadores, fraldas de pano e chupetas de reserva. Cuide para que essa área da cozinha seja bem iluminada à noite – você estará sonada e desorientada às três da manhã e precisará localizar tudo facilmente.

Tente não se irritar com seu marido! O marido é um recurso valioso durante o primeiro mês em casa com um bebê. Logo, tente não lhe causar problemas, ou você estará desfalcada.

Você acordará de hora em hora durante noites seguidas, o que pode fazer com que você fique agressiva e discuta à toa. Lembre-se de considerar o quanto ele tem contribuído diariamente. Você não poderia sobreviver a cada dia sem a contribuição dele. Seja grata por isso. No fim das contas, um ronco irritante enquanto um bebê berra não lhe parecerá tão medonho.

49

CRIANDO CRIANÇAS ESPERTAS

É fato comprovado que os pais são as influências mais importantes e valiosas para os filhos. O que conta não é seu poder aquisitivo, nem o seu nível intelectual, quem são os professores das crianças ou mesmo o número de computadores que há na casa. O que faz a diferença é o que fazemos ao longo da vida cotidiana e normal em família, para estimular as crianças a aprender e compreender o mundo! É útil saber que há diversas atividades simples que podem ser feitas com as crianças no tempo que se passa com elas – atividades diárias divertidas que podem tirar o proveito máximo de suas oportunidades de aprendizado.

Acredite se quiser, uma simples ida à mercearia pode ser considerada como oportunidade de aprendizado para a criança. Se a seção de hortifrutigranjeiros pode ser usada para ensinar pesos e medidas, os cupons oferecem a oportunidade de usar a matemática na prática. A comparação de preços pode ajudar o pequeno a entender o valor do dinheiro.

A ida ao supermercado também é bem conveniente para ensinarmos às crianças sobre comparação. Demonstrar como o dinheiro é necessário para comprar as necessidades básicas da vida, e que muitas pessoas em nosso país não têm dinheiro suficiente para todas elas. Talvez seja bom comprar alguns enlatados extras, para doar para uma instituição de caridade local quando sair do mercado. Alguns estabelecimentos, no caixa, arrecadam doações para os pobres.

A biblioteca local oferece também uma excelente oportunidade para aumentar o conhecimento das crianças. É importante apresentar desafios para elas durante as visitas à biblioteca, e direcioná-las em atividades de pesquisa divertidas que não fariam sozinhas. Por exemplo: procure um livro que relacione os dias de nascimento de pessoas famosas e ache uma, cuja data de nascimento coincida com a de seu filho, e ajude-o a aprender mais sobre esta pessoa.

Ao viajar sozinha de carro com as crianças, faça jogos orais com elas. Isso auxilia a desenvolver suas habilidades de linguagem. Brinque de desafio ou mesmo daquele joguinho comum de classificar as placas dos carros. Faça com que alguém fique com um papel e um lápis, e desafie as crianças com palíndromos, ritmos, homônimos ou anagramas.

O objetivo não é simplesmente fazer com que seus filhos obtenham notas altas, mas principalmente ajudá-los a se tornarem mais observadores a respeito de tudo. Em um único dia pode-se abranger matemática, história, geografia e gramática. Se houver suficiente sutileza, as crianças jamais saberão sequer que passaram o dia aprendendo!

50
QUANDO A SUPERMÃE SE SENTE POR BAIXO

❧❧❧

Após nove meses, chega finalmente o momento tão esperado – o bebê dos seus sonhos é agora uma realidade. Tudo é maravilhoso, exceto pelo fato de que você se sente mais miserável e mais assustada do que jamais se sentiu. Bem-vinda à depressão pós-parto (DPP).

A DPP é muito comum e afeta mais do que a metade de todas as novas mamães. Normalmente acontece durante os primeiros dias após o parto e pode durar meses. Dentre os sintomas estão as crises fáceis de choro, a tristeza profunda e a dificuldade de concentração. Os médicos atribuem a DPP a uma queda hormonal após o parto associada à falta de sono. É importante informar a seu médico quaisquer sintomas de DPP, especialmente se persistirem por mais de algumas semanas. Quanto mais rápido você obtiver ajuda para combater essas "tristezas que vêm com o bebê", mais rápido começará a curti-lo.

Mesmo sem a DPP, muitas mulheres têm sentimentos negativos após o parto. Se você tem ressentimentos para com o bebê e se culpa por não morrer de amores por ele, se sente presa em uma armadilha e acha que suas emoções não correspondem ao que considera normal, divida esses sentimentos com seu marido, pais e amigos. Isso fará com que se sinta melhor.

Você *irá* cair de amores pelo bebê. Cuidar dele, dia após dia, estabelece um elo inviolável. No momento em que ele sorrir pela primeira vez, você sucumbirá aos seus encantos.

Reservar um tempo para ficar a sós, longe do bebê, pode trazer um benefício do tamanho do mundo. Se você dedica ao bebê todo o tempo em que não está dormindo, precisa de uma pausa! Saia para almoçar com uma amiga, dê uma longa caminhada ou vá às compras. Escolha um parente para cuidar do seu filho e simplesmente saia. Você se sentirá imediatamente melhor e é até possível que se esqueça do bebê e pergunte-se por que não fez isso há mais tempo.

Todas as mães novatas sentem como se não conseguissem fazer nada. Recém-nascidos não têm regras. Choram por tudo, comem quando têm fome e molham as roupas nas ocasiões mais impróprias. É difícil para uma mãe de primeira viagem ter energia e concluir mesmo a menor das tarefas, como recolher o lixo ou reabastecer o cesto de fraldas. Relaxe e faça o que conseguir. As coisas no fim se acomodarão um pouco, pare de cobrar muito de si mesma.

Não é esperado que mamães de primeira viagem façam mais do que as tarefas básicas do dia. Elas cozinham, limpam, trocam fraldas, amamentam, dão banho e lavam roupas. Relaxe dentro da rotina produtiva criada para você e seu bebê. Ela só existirá por um curto espaço de tempo e, uma vez que tiver passado, você se lembrará desse momento como um dos melhores da sua vida.

51

COMO CRIAR CRIANÇAS DÓCEIS

Há diversas maneiras que podem ajudar as crianças a se tornarem mais aptas ao convívio social, mas devemos compreender que as crianças nascem com alguns traços e características marcantes de personalidade. Se tiverem tendência para a timidez, talvez o convívio social sempre lhes cause algum desconforto.

Crianças tímidas tendem a ser mais introvertidas e aprendem escutando e pensando sobre as coisas em geral. É importante saber que esta não é uma característica ruim. As crianças extrovertidas aprendem conversando e podem ser suplantadas pelas crianças reservadas. Mas, se, você estiver disposta a ajudar seu filho tímido a desabrochar, deve procurar oportunidades para que alguns comportamentos sociais sejam demonstrados.

Por exemplo, se vocês vão passar um fim de semana na casa de amigos que não vêem há anos, deve falar sobre esses amigos para seu filho e da ligação que há entre vocês. Quanto mais informações forem passadas, mais confortável ele se sentirá. Deixe que ele exponha qualquer ansiedade ou preocupação que tenha sobre o encontro.

Auxilie seus filhos na busca de novos tipos de grupos sociais que possam despertar o interesse deles. Na adolescência, as crianças buscam sua identidade através da inserção em grupos. Se seu filho se interessa por música, incentive-o a participar da banda da escola. Se sua filha gosta de artes, encontre um curso de artes onde haja crianças da idade dela.

É possível que seu filho seja sempre uma pessoa reservada e não há nada de errado nisso, desde que não desenvolva um comportamento grosseiro. (As pessoas tendem a confundir timidez com grosseria.) Tente novas maneiras para ajudar seu filho a tornar-se seguro e afável em sociedade.

52
CONTROLANDO O TEMPERAMENTO... O *SEU!*

❦❦❦

É quase certo que as pessoas que têm filhos se tornam irritadas. Amam seus filhos e odeiam zangar tanto com eles. Muitos pais tentam controlar o temperamento dos filhos, mas se esquecem das habilidades necessárias para que eles sejam estimulados a corresponder.

Quando uma situação provoca raiva, devemos nos habituar a lidar com ela e manter o controle das emoções. Digamos que os brinquedos das crianças estejam espalhados pelo chão e que você já tenha, mais de uma vez, pedido para que elas os guardassem. Em vez de gritar com eles de novo, diga o que quer que façam e tome uma atitude: "Crianças, os brinquedos estão todos espalhados pelo chão e a televisão ficará desligada até que tudo esteja arrumado." Desligue a televisão e dê a eles uma chance. Não vão obedecer correndo ao seu comando, mas fique fria, quando perceberem que você cumpre o que promete, vão arrumar os brinquedos.

Outra coisa que é aborrecimento certo: a mãe está ao telefone e os filhos estão brigando. A briga vai ficando cada vez mais barulhenta e a mãe já está prestes a explodir. Em vez disso, ela deve expressar seus sentimentos: "Crianças, estou ao telefone e não consigo ouvir o que a outra pessoa está falando, vou para o outro quarto terminar minha conversa e, quando voltar, quero que vocês já tenham resolvido suas diferenças."

Um dos momentos que mais causam aborrecimentos entre pais e filhos é quando os pais percebem que os filhos não estão ouvindo o que eles falam. Na maioria das vezes, é porque estão distraídos com alguma outra coisa. Isso pode ser extremamente enfurecedor, logo esteja certa de que tem a atenção exclusiva deles, antes de fazer seu pedido. Se a criança estiver fazendo o dever de casa com a televisão ligada e você a adverte que não vai tirar notas boas assistindo à tevê, enquanto faz o dever, ela poderá até concordar e murmurar alguma resposta, mas você acha que ela ouviu o que você falou? Não!

Então, tente defender seus pontos de vista e declare a importância deles. Diga-lhe: "O dever de casa é mais importante do que a televisão. Desligue-a até que o dever esteja pronto." Você mesma terá de desligar a televisão, mas seu filho entenderá o recado e você terá evitado se sentir irritada.

É difícil, mas não impossível, controlar suas emoções quando está irritada. O truque é dar um tempo a você mesma, uma pausa, antes de embarcar em suas emoções. Quando estiver se sentindo muito irritada com seus filhos, controle seu desejo de gritar e esbravejar. Ande até outro cômodo ou respire bem fundo e conte até dez. Isso lhe dará uma oportunidade para avaliar a situação e determinar a forma adequada para lidar com ela, sem raiva.

53

ENSINANDO RESPONSABILIDADE ÀS CRIANÇAS

Ser responsável significa agir prudentemente sem ser guiado, mandado ou ameaçado. É a habilidade de tomar decisões e assumir a responsabilidade por elas. As crianças adquirem responsabilidade comendo e vestindo-se sozinhas, indo dormir sem serem mandadas, brincando independentemente, ajudando em tarefas simples e agindo dentro dos limites.

Conforme vão crescendo, tornam-se gradativamente mais capazes para outras responsabilidades. Dar novas responsabilidades para os filhos é importante, pois faz com que tenham uma noção maior de suas habilidades. Crianças que recebem responsabilidade por tarefas que são capazes de desempenhar tendem a avaliar melhor seu papel no contexto da família e sentem-se capazes de contribuir significativamente para uma vida melhor. Os pais devem ser cuidadosos ao estabelecer expectativas realistas sobre as responsabilidades que seus filhos podem assumir. As tarefas e incumbências devem ser apropriadas para a faixa etária de cada criança e de acordo com o nível de desenvolvimento dela. As crianças não podem fazer coisas para as quais não estiverem ainda capacitadas.

Devemos lembrar que as crianças precisam constantemente de ajuda e lembretes para dar conta da maior parte dos afazeres. Quando estamos instruindo nossos filhos durante a realização de uma tarefa, como colocar roupas sujas no cesto, devemos cuidar de dividi-la em etapas e dar-lhes direcionamentos sobre a finalização delas. Se eles souberem o caminho, estarão mais aptos a realizá-las sozinhos. Mesmo que não sejam capazes de finalizar uma tarefa, em poucos meses, terão adquirido a responsabilidade. As crianças aprendem rapidamente.

As crianças são muito novas para compreender a importância de algumas responsabilidades, como por exemplo manter os quartos arrumados e realizar tarefas semanalmente, logo não fique surpresa se seu filho não desenvolver uma paixão por arrumar a mesa para as refeições. Outra coisa comum é que algumas crianças adoram aprender algumas tarefas e assim que se tornam "velhas" perdem o interesse.

Dar às crianças atividades que contam positivamente para o funcionamento da família com certeza as encoraja a fazerem-nas mais freqüentemente. Elas vão gostar do sentimento de realização que essa nova responsabilidade lhes traz. Aprender a ser responsável é um longo processo que começa em casa. Compreenda que a capacidade infantil para a responsabilidade é progressiva e que as crianças precisam aprender as habilidades necessárias para tornarem-se pessoas responsáveis. Com paciência e orientação elas em breve irão estar cortando a grama e aspirando o pó da casa!

54

O JARDIM-DE-INFÂNCIA E A AGITAÇÃO DO PRIMEIRO DIA

Entrar na escola nova no primeiro dia de aula pode ser bem difícil para crianças de qualquer idade. Não importa se ela está indo para o maternal pela primeira vez, começando no jardim-de-infância ou passando para o ensino fundamental, é necessário ajudá-la a se preparar.

No primeiro dia de uma criança no maternal, a maior preocupação é a ansiedade da separação. É útil introduzir a rotina da separação alguns dias antes do primeiro dia de aula. Se possível, inclua a professora da criança ou a pessoa que vai ser responsável pelo seu transporte nessa rotina. Esclareça as etapas pelas quais a criança vai passar, desde o momento que chega à escola e pendura sua mochila, até o que fará ao voltar. O segredo é, antes de deixar seu filho na escola, certificar-se de que ele ficará à vontade.

Esse mesmo movimento básico serve para a criança que

está ingressando no jardim-de-infância. Se ela já tiver freqüentado antes o maternal, a ansiedade da separação não será tão intensa, mas pode ainda existir. Familiarize seu filho, se possível, com a nova sala de aula e a professora. Se ele for utilizar um ônibus, faça com ele o percurso até o ponto do ônibus, indicando os locais de referência, e discuta as questões de segurança.

É útil que, uma semana antes do início das aulas, os pais estabeleçam e imponham uma rotina para as manhãs e as noites. Faça com que a criança ajude a criar uma tabela de horários, e inclua a hora do banho, a de acordar e ir dormir, e a preparação da merenda. Auxilie-a a arrumar a mochila para o dia seguinte e explique a utilidade de cada item. Não se esqueça de deixar alguma coisa sob a responsabilidade da criança.

Ajude seu filho a ficar tranqüilo na manhã do primeiro dia de aula. Reveja com ele o que pode vir a acontecer na escola e diga-lhe que está ansiosa para que, na volta, ele lhe conte sobre seu dia. Prepare seu café da manhã preferido e deixe que vista sua blusa favorita. Quando o ônibus finalmente chegar, despeça-se com uma atitude positiva. Não prolongue sua despedida, ela deve ser breve e carinhosa. Despedidas prolongadas podem fazer com que a criança fique mais nervosa.

Crianças mais velhas também ficam ansiosas no primeiro dia de aula. Mas pode ser que apresentem uma reação diferente, e é possível que você note uma mudança de comportamento na semana anterior ao início das aulas. Há necessidade de uma preparação similar para o primeiro dia de aula. Estabeleça uma rotina alguns dias antes, fazendo com que a criança vá para cama mais cedo, certifique-se de que ela está munida de todo o material escolar necessário e coloque-se à disposição dela para esclarecer qualquer dúvida ou questão.

O primeiro dia da criança na escola pode estabelecer o parâmetro para todo o ano letivo. É por esse motivo que é importante que esse dia seja calmo, fácil e o mais agradável possível para seu filho.

55
HÁ UM FOFOQUEIRO NA FAMÍLIA?

Crianças pequenas com freqüência confundem o ato de relatar fatos com o de fazer fofoca. Como fazer fofoca pode ser extremamente irritante e causar uma reação histérica em cadeia entre irmãos e amigos, é necessário ensinar às crianças, bem cedo, a diferença entre as duas coisas.

Fofocar é o que algumas crianças fazem para colocar outras em dificuldades ou para chamar a atenção. Relatar fatos é o que algumas crianças fazem quando alguém precisa de ajuda ou está sendo prejudicado. Fofocar é sempre ruim, mas relatar fatos algumas vezes é muito importante. A criança deve sempre relatar a um adulto quando estiver com medo, em perigo, e não estiver à vontade em uma situação e precisar de proteção.

Pergunte ao seu filho qual seu conceito sobre o ato de fazer fofoca. O que ele faria se visse um amigo jogar um brinquedo na sala de aula? Apresente sugestões das atitudes que deve tomar em vez de fazer fofocas: afastar-se, pegar o brinquedo e colocá-lo no lugar ou pedir ao amigo que não jogue os brinquedos. Explique que, na realidade, ele não tem nada a ver com isso, já que o fato não o prejudica e que ninguém foi ferido pelo brinquedo, ele não deveria deixar que isso o perturbasse.

Quando duas crianças estão no parquinho da escola fazendo fofoca uma da outra, deve ser dada a elas a alternativa de resolver a questão e continuar brincando juntas ou de brincar separadas. Quando as crianças perceberem que ninguém vai resolver o problema para elas, normalmente escolhem resolver a questão e continuar a brincadeira juntas.

Apesar de todos os esforços, as crianças manifestam uma tendência à fofoca em alguma fase de suas vidas. O melhor a fazer é dizer que as fofocas não são bem-vindas e que, se a situação realmente as está incomodando, devem buscar uma solução mais produtiva.

56

MANTENDO *SEUS FILHOS SEGUROS*

~~~

Mais cedo ou mais tarde, seus filhos requisitarão cada vez mais liberdade. É importante permitir o crescimento adequado às suas autonomias pessoais. Mas é ainda mais importante fazer isso mantendo a proteção e a segurança deles.

Começar devagar. Crianças na faixa dos três ou quatro anos assimilam regras básicas de segurança, mas atente para o detalhe de que elas ficam confusas quando ensinamos quão importante é não falar com estranhos. Em primeiro lugar, os pais precisam explicar para elas o que são estranhos. Não tome como certo que uma criança de quatro anos sabe identificar um estranho. Explicar que um estranho pode ser aparentemente igual a um homem ou a uma mulher comum e que nem todos os estranhos são malvados, mas como não se pode saber se uma pessoa é boa ou má olhando para ela, é uma boa idéia falar com os estranhos somente na presença da mamãe e do papai.

Lá pelos dez ou onze anos as crianças requisitam um pouco mais de liberdade. Deve-se permitir que uma criança de dez anos vá de bicicleta à casa de um amigo? Talvez não. Estatisticamente aos dez anos de idade a criança pode ter responsabilidade suficiente para fazer um percurso pequeno, e somente a mãe conhece o filho. Você pode se fiar na responsabilidade dele? Ele seguirá sozinho as regras de segurança? Saberá tomar decisões corretas? Isso sem contar o fato de que estará exposto a perigos estranhos. Nessa idade, é melhor não permitir que fiquem fora do raio de ação da mãe.

Antes de permitir que adolescentes saiam sozinhos, é importante estabelecer regras claras de comportamento seguro. Apresente situações hipotéticas e peça soluções. Reforce a importância da comunicação, como por exemplo pedir que liguem sempre para você quando chegarem em casa ou antes de saírem. Quando forem à casa de amigos, devem prometer ligar se houver mudança de planos ou se decidirem ir a algum outro lugar.

Não se pode prever como as crianças, mesmo as mais responsáveis, reagirão quando expostas a algum embaraço ou perigo. Tudo que se pode fazer é ensinar os conceitos básicos de lidar com situações ameaçadoras. Ao se aventurarem fora de casa, devem sempre estar atentas ao que está à sua volta e devem manter uma distância segura de estranhos também. Devem evitar lugares isolados e sem policiamento, e precisam saber que em caso de necessitar de ajuda podem recorrer a comerciantes e policiais.

Se pudéssemos, jamais permitiríamos que saíssem de nossas vistas, mas isso não é correto. A partir de certa idade, as crianças precisam aventurar-se sozinhas pelo mundo afora, para desenvolver seus instintos básicos de sobrevivência e aprender a melhor maneira de se cuidarem.

57
CONVIVÊNCIA COM OS AVÓS

❧❧❧

É possível que você não partilhe das mesmas opiniões de seus filhos sobre os avós deles, ou talvez nem goste deles. Entretanto, suas opiniões sobre seus pais e sogros não devem interferir no relacionamento dos seus filhos com eles. Avós proporcionam um saudável e caloroso envolvimento para as crianças, mesmo que eles não tenham sido saudáveis e calorosos com você. Muitas vezes, os avós corrigem os erros cometidos com os filhos, quando têm a chance de desenvolver um relacionamento com os netos.

Deixe seus filhos ficarem sozinhos com os avós de vez em quando. Isso dará a eles a chance de conhecerem melhor seus filhos e de aprofundar a relação afetiva entre eles. Com você fora de cena, terão também a oportunidade de ser tolerantes com as crianças sobre todas as proibições do lar. Haverá doces, brinquedos e sorvetes em excesso! E não se aborreça quando isso acontecer. Eles estarão simplesmente desempenhando seu papel de avós.

Quando as crianças forem para a casa dos avós para ficar um dia ou um final de semana, certifique-se de fazer uma mala com tudo de que forem precisar. Lembre-se ainda de colocar assentos infantis no carro dos avós e de ensinar-lhes como acomodar seguramente as crianças. Deixe com eles todos os seus telefones importantes, da mesma forma que faria com uma babá.

Seus pais e sogros se surpreenderão com a relação que travarão com seus filhos. É possível que você venha a conhecer coisas sobre eles e escutar histórias que jamais ouviu, ou relembrar de coisas que foram esquecidas há muito tempo. Nem todas as crianças têm avós. Agradeça se os seus os têm e ensine-os a valorizar cada momento passado com eles.

58
ELOGIOS X ESTÍMULO

❦❦❦

Uma função importante dos pais na educação é ajudar a construir a auto-estima dos filhos. Um procedimento que podem adotar é elogiá-los com freqüência, porém até mesmo os elogios devem ser dados de forma clara e cuidadosa.

É necessário estabelecer a diferença entre elogio e incentivo. Incentivo pode ser traduzido como qualquer tipo de reforço positivo oferecido à criança. Elogio é algo mais gratuito. Tente ser firme quando incentivar crianças e economize elogios para momentos em que tiverem feito esforços extras para obter sucesso. Por exemplo, digamos que você tenha elogiado os esforços de seu filho pelo resumo que fez de um livro. Dê-lhe além disso algum incentivo: "É uma leitura difícil, estou orgulhosa de você, pelo seu empenho." Você não estará apenas elogiando-o pela conclusão do trabalho; estará também dizendo que ele é uma pessoa capaz.

É fácil elogiar e incentivar as crianças quando o assunto é o dever de casa, mas os pais precisam dirigir uma atenção positiva para outras áreas de suas vidas. Incentive seus filhos nas tarefas diárias, como quando estiverem arrumando seu quarto, praticando esportes ou interagindo com irmãos ou amigos. Isso faz com que eles vejam que você sente orgulho por todos os seus feitos e ajuda a construir sua auto-estima.

As crianças devem aprender que não precisam depender da aprovação de outras pessoas para que seu trabalho seja valorizado. Ensine os seus filhos a reconhecerem seu próprio sucesso. "Você fez um belo trabalho pintando seu quarto! Parabenize-se!"

Elogios em excesso podem se tornar um problema, especialmente com crianças que se esforçam muito e têm ânsia de agradar. Cuide para usar termos apropriados quando expressar seu reconhecimento. Elogie-os, sim, mas encoraje-os também!

59
A MÃE QUE TRABALHA FORA
X
A MÃE QUE FICA EM CASA
COM OS FILHOS

❖❖❖

Mesmo sendo verdade que a maioria das mães que trabalham fora estão felizes com sua decisão de voltar a trabalhar, muitas vezes sentem-se censuradas pelas mães que escolheram ficar em casa com os filhos. Se você se sente presa nessa amarga armadilha, é importante saber que as mães são pressionadas nos dois lados do muro. O principal é que nenhuma mulher deve achar que uma decisão está errada por ser diferente da dela.

Não importa qual a decisão que uma mãe tome, ela será atraída na direção oposta. Todas as mulheres ficam sob enorme pressão quando se tornam mães: uma pressão que diz que uma mulher deve dedicar todo seu tempo à casa e aos filhos, e uma pressão financeira que força a mãe a voltar a trabalhar, não importa se ela quer ou não. Nesse ambiente moral, mesmo as mães que se sentem bem com suas decisões passam por tensão, hostilidade e desaprovação. Mantenha uma atitude liberal; não é porque sua melhor amiga resolveu deixar a prática de direito para ficar em casa e criar os filhos – uma coisa que você nem consegue imaginar – que a decisão dela não é correta.

O ponto de vista de que a mãe deve ficar em casa é um estigma. Ela quase nunca obtém o respeito que realmente merece. É falsamente tachada de chata, de não ter nenhum outro assunto que não seja crianças. Mesmo que seja capaz para muitos desafios mentais e físicos é imediatamente rotulada de "que não trabalha fora". Enquanto isso, ela carrega a culpa por ter deixado sua carreira e ficado em casa, enquanto o marido sustenta financeiramente a família.

Mães que trabalham fora também se sentem tremendamente culpadas, especialmente por estarem fora de casa todos os dias. Elas questionam se seus filhos recebem o cuidado que precisam das empregadas, babás ou da creche. Temem que seus filhos amem mais a empregada do que suas próprias mães. Elas perdem muito por estarem fora de casa – o primeiro passo do bebê e suas primeiras palavras. Elas questionam sua decisão, perguntando-se se são egoístas por querer uma carreira.

É essencial que todas as mães aceitem o fato de que não há uma escolha certa para todas as famílias. Independentemente da função, as mães hoje precisam umas das outras. Seja um ombro amigo para chorar ou um oferecimento para pegar o filho, enquanto se está presa no trabalho, todas as mães – as que trabalham fora e as que ficam em casa – são capazes de dar um suporte que não se encontra em nenhum outro lugar. Logo, antes de julgar uma outra mãe por sua decisão em trabalhar fora ou ficar em casa, lembre-se de que todas estão no mesmo barco. Todas querem criar e cuidar dos filhos até que cresçam, e estar com eles em momentos importantes.

60
QUANDO O PAI *SE SENTE* DESAUTORIZADO

❦❦❦

Como o pai trabalha o dia inteiro e a mãe fica em casa com as crianças, é fácil para as crianças caírem no vício da "mamãe". Mesmo que o papai esteja na cozinha, as crianças vão procurar pela mãe para servir um pouco de suco. Torna-se quase automático para elas chamarem a mãe para tudo. Entretanto, esse padrão pode conduzir a uma questão problemática. Torna-se rotina para a mãe tomar as decisões sobre as crianças, apesar de o pai já ter se manifestado. Conseqüentemente, o pai se sente zangado e ressentido por sua esposa estar desautorizando-o sempre. Desautorizar só pode ser prejudicial.

Quando as crianças pedem mais um biscoito, se o pai diz não e a mãe diz sim, o pai sente menos autoridade perante seus filhos. Não importa que a mãe saiba que as crianças deixaram de lanchar neste dia e estão tentadas a comer mais biscoitos. Se o pai diz não, a mãe deve concordar com ele. Ela pode mais tarde falar com ele separadamente e explicar-lhe seu ponto de vista.

Você e seu marido podem ter opiniões diferentes sobre algumas questões. Você pode não achar certo que seus filhos pulem na lama, mas se seu marido já concordou com isso, deixe estar. Discuta o problema depois, quando seus filhos não estiverem por perto. As crianças rapidamente aprenderão a jogar um contra o outro se sentirem que um de vocês está propenso à determinada resposta.

Fazer com que as crianças sigam decisões conflitantes com as do seu marido pode causar problemas. Os pais devem ter duas coisas em mente: respeito mútuo e sempre desejar o melhor para os filhos!

61
SINTO MUITO

❧ ❧ ❧

Pais são simples seres humanos. Erram, agem errado e algumas vezes ferem quem amam, mesmo os filhos. Por sorte, podem reverter os erros e reparar feridas pedindo desculpas.

Quando erram ou perdem a razão, podem usar a situação como exemplo para as crianças, pedindo desculpas claramente e solicitando perdão. Solicitar perdão é uma parte importante do processo de pedir desculpas, pois beneficia ambas as partes envolvidas. Aceitar desculpas, além disso, demonstra que a pessoa que pede desculpas é respeitada como um ser humano.

Pedidos de desculpas bobos acontecem com freqüência numa família. O filho mais velho dá um soco no braço do mais novo. Você pede imediatamente ao mais velho para desculpar-se com o menor, ele o faz e a situação está resolvida.

Adotar um pedido de desculpas mais efetivo dá um pouco mais de trabalho, mas o tempo e o esforço gastos valem a pena. Na próxima vez que você tiver tentada a fazer com que a criança peça desculpas, leve seu filho para longe e tente descobrir o que motivou seu comportamento. Fale com ele sobre o que fez e como isso afeta a família inteira. Aconselhe-o a deste momento em diante evitar agredir o irmão. E, finalmente, dê a ele a oportunidade de pedir desculpas sinceramente. A melhor maneira de ilustrar, como modelo de comportamento, um pedido de desculpas é citando exemplos. Se você disser algo que fira seus filhos ou incite raiva ou frustração, use esse fato como uma oportunidade para lhes pedir desculpas sinceramente. Não tente esconder o malfeito nem tente fazer isso parecer menor do que é. Quando as crianças vêem os pais se arrependerem seriamente, também o farão.

62

UM PAI OU UMA MÃE SOZINHO
TEM A FUNÇÃO DOBRADA

❧❧❧

Ninguém duvida de que um pai ou uma mãe que cria seus filhos sozinho tem uma dura missão. Uma pessoa sozinha com a guarda das crianças precisa ser pai e mãe ao mesmo tempo e absorver todas as responsabilidades inerentes aos dois papéis. Não têm o apoio de um outro adulto, quando certos problemas vêm à tona. Mas podem aprender a funcionar de forma eficaz para suplantar a falta dessas duas mãos extras, e sobreviver às provações e atribulações da maternidade e paternidade.

Pais sozinhos, apesar de terem o dobro da carga dos casados, devem encontrar tempo para si mesmos. É importante estabelecer um conjunto de horas diárias que seja só para você. Planeje fazer algo de que gosta e que lhe traz felicidade. Não deve ser nenhuma obrigação. Tire proveito da família e de amigos que se oferecem para ficarem com as crianças. Faça um acordo com outros parentes que também precisam de um tempo sozinhos. Se você tiver um ex que coopere, aproveite para providenciar um pouco de tempo livre para cada um.

Pode ser divertido e satisfatório fazer parte de um grupo de apoio para pais solteiros. Mesmo que inicialmente você não se sinta à vontade por procurar um grupo desses, talvez venha a se surpreender. Pode ser um alívio encontrar pessoas na mesma situação que você – com as mesmas emergências, problemas e necessidades. É mais do que certo que vocês vão trocar dicas, estratégias fundamentais e adquirir confiança nas suas habilidades como pais.

Se estiver dividindo a guarda das crianças com seu ex, tente manter a vida delas o mais normal possível. Resolva sobre a pensão e a guarda da melhor maneira para todos. Reduza os itens que têm de ficar entre uma casa e outra ao menor número possível, pois será melhor tanto para vocês quanto para seus filhos que a maioria das coisas exista em dobro: providenciem brinquedos, roupas e produtos de higiene em ambas as casas.

E, principalmente, aja com civilidade e gentileza quando encontrar com o ex. Lembre-se: é para o bem das crianças que estão lidando com essa situação da melhor forma que podem. Talvez não seja possível em todas as circunstâncias, mas, se suas questões não envolverem abuso ou ausência por parte dos pais, aliar-se ao seu ex pode fazer com que a vida seja menos estressante para todos os envolvidos. Será um prazer para seus filhos ver os pais se tratarem com respeito mútuo.

Finalmente, se seu filho quiser passar o final de semana com seu ex, mesmo que tecnicamente seja seu final de semana, permita. Isso não significa que ele ame menos você ou que queira viver com seu ex. Ele simplesmente quer estar lá nesse final de semana. Respeite a vontade dele. Ficar ansiosa quanto a isso, finalmente, acaba levando todos para um cenário de leis, batalhas pela guarda e estresse.

63

CRIANÇAS AGRADECIDAS

❧❧❧

Para ensinar as crianças a reconhecer o valor do que possuem, os pais devem praticar o reconhecimento. Devem lembrar-se de agradecer verbalmente pelo que possuem em vez de reclamar do que falta.

Muitas famílias têm o hábito de fazer agradecimentos na hora de dormir ou na hora das refeições. Os pais pedem que os filhos enumerem e agradeçam três coisas boas. Para as crianças que tiveram um dia agitado ou que estão lutando com seus problemas íntimos, é um exercício restaurador conseguir buscar na mente coisas que mereçam agradecimento, num momento em que a vida lhes parece tão confusa.

Os pais podem, no dia-a-dia, ensinar as crianças a valorizar o que possuem, fazendo-as lembrar de agradecer. Muitas crianças acham que só devem agradecer quando recebem alguma coisa, mas os pais devem ensinar os filhos a agradecer pelo comportamento dos outros. Se os vizinhos auxiliam seu filho a recuperar uma bola que caiu no quintal deles, você deve dizer para ele agradecer. Se sua filha pega uma carona com os pais de uma amiga, faça com que ela não se esqueça de agradecer. Não deixe que o dia de Ação de Graças seja o único momento em que a família expressa a gratidão pelo que possui. A expressão da gratidão, através de donativos com regularidade para uma família carente, pode ajudá-los a se desenvolver. Saia de sua rotina para dar aos seus filhos oportunidades de demonstrar o quanto são gratos pelo menos uma vez por mês. Ofereça-se como voluntária para trabalhar na cozinha em uma campanha de alimentação ou arrecade brinquedos para as crianças de rua. Visite um hospital infantil ou um orfanato. As crianças vão, além de valorizar sua própria sorte, desenvolver o senso de compaixão pelos menos afortunados.

64

MOMENTO PRECIOSO: PARE TUDO E LEIA!

❧❧❧

Não é novidade que ler alto para a criança é um fator decisivo para que ela se torne uma leitora. Quinze minutos e pouco de leitura para as crianças diariamente é o método mais eficaz para se ensinar o hábito da leitura. A leitura aumenta também o grau de atenção da criança e a expõe a diferentes pessoas e culturas, desperta seu interesse para vários assuntos e aumenta sua imaginação.

Quando for ler para seu filho, escolha um livro que seja do interesse de ambos. Varie a seleção dos livros e ofereça histórias que falem sobre assuntos diversos. Numa noite, experimente uma fábula construtiva e na seguinte um conto de fadas inocente. Mesmo as crianças pequenas podem vir a apreciar uma literatura baseada em fatos ou personagens reais e biografias.

Se sua filha escolher o mesmo livro por diversas noites seguidas, tente não demonstrar incômodo por lê-lo mais de uma vez. Em vez disso, tente uma nova interpretação, introduzindo um novo personagem ou mudando o final da história.

Peça a ela que faça um desenho sobre a história ou construa fantoches para ajudar na representação. Se você não puder mais suportar o mesmo livro, esconda-o e o substitua por outro do qual você acha que ela gostará!

Em bibliotecas é possível conseguir alugar de livros gravados em fitas cassete a contos de fada em CD-ROM, podendo, assim, dar vida a muitas histórias clássicas em seu computador.

Uma vez que as crianças estiverem contagiadas pelo vírus da leitura, tome cuidado! Elas vão querer ler tudo que passar pelas suas mãos. Não perca as esperanças se seus filhos só se interessarem por livros de piadas ou revistas do Scooby-Doo. Deixe que sejam atraídos por quaisquer livros apropriados à idade deles. Eles ampliarão a busca de acordo com seu próprio ritmo. Não se esqueça de demonstrar-lhes sua aprovação e incentivo.

65
VOCÊ ESTÁ FICANDO COM SONO...

❧❧❧

As pessoas demonstram diferentes expectativas quando desejam que o "bebê tenha uma boa noite de sono". Algumas mães de recém-nascidos desejam que o bebê acorde somente duas vezes por noite para mamar, em vez de três. Outras esperam que o bebê durma até a manhã seguinte sem acordar. O problema para as mães de recém-nascidos não é o tempo que o bebê dorme, e sim o número de vezes que eles precisam levantar durante a noite. É um desafio para elas fazer com que o filho entre em harmonia com seu ritmo de sono.

As mães não se lembram de que elas também acordam durante a noite. Mudam de posição, vão ao banheiro, bebem água ou despertam com qualquer barulho. A grande diferença é que os adultos sabem voltar a dormir sem ajuda, e as crianças ainda precisam aprender a ser independentes e a dormir sem a ajuda dos pais!

Não há mãe que goste de ouvir o filho chorar. Elas correm para confortar o bebê com uma mamadeira, chupeta ou uma coberta macia. Afinal de contas, essa é a função delas. Fazem qualquer coisa que garanta que o bebê vai parar de chorar!

Mas analise sob outro ponto de vista: quando o bebê está choramingando no meio da noite, talvez esteja só procurando uma posição mais confortável, ou pode ser que tenha escutado um barulho. Se a mãe correr todas as vezes para resolver o problema, não estará dando ao bebê condições de voltar a dormir sozinho. À medida que vai crescendo, ele vai esperar ser embalado, alimentado ou abraçado sempre, e a mãe se vê presa numa roda-viva exaustiva e debilitante.

Quando o bebê, já com uns três meses, fica acordado por muito tempo, a mãe deve pensar na possibilidade de mudança na rotina da hora de dormir. Experimente colocar o bebê na cama quando ainda estiver acordado. Ninguém jamais dorme antes de ir para a cama e os bebês também devem aprender a deitar antes de dormir.

Faça com que a transição seja fácil para o bebê. Permaneça um pouco com ele, calmamente, após colocá-lo no berço. A hora de dormir, para as crianças, é associada à separação da mãe e você não quer que esse momento seja traumático. Presenteie-o com um brinquedinho especial para ser usado na hora de dormir e ele aprenderá a associá-lo ao sono. Pode ser uma chupeta, uma coberta ou um bichinho de pelúcia.

Há diversas teorias sobre diferentes soluções para crianças com mais de cinco meses e que ainda apresentam problemas de sono. Alguns especialistas afirmam que o melhor a fazer é "deixar o bebê berrar", já outros não podem nem ouvir falar dessa teoria. Os pais que estiverem necessitando desesperadamente de sono – por eles e pelo bebê – devem ler toda a literatura existente especializada no assunto e decidir o que é melhor para sua família. Lembre-se de que as horas empreendidas para mudar o padrão de sono do bebê serão convertidas em horas felizes de sono para você e para ele.

66
A ILUSÃO DO ENCONTRO PERFEITO

❦❦❦

Era uma vez duas lindas irmãs, que têm filhos de dois anos, com os mais belos olhos azuis do mundo. O que acontece se, apesar de tantas coisas a favor, as crianças simplesmente não conseguem ficar juntas? Quando após quinze minutos elas já estão puxando o brinquedo das mãos de uma e de outra e se esmurrando impiedosamente? As duas irmãs ficam o tempo todo apartando brigas e confortando crianças chorosas.

Encontros entre crianças que têm dificuldade em partilhar podem tornar-se desastrosos, se acontecerem na casa de uma delas. Nenhuma das duas consegue suportar a visão da outra brincando com os brinquedos que lhe pertencem. Quando isso acontecer, há duas alternativas: esperar uns três meses até que seu filho adquira mais facilidade de partilhar ou passe desta fase problemática. Depois faça uma nova tentativa. Seu filho terá uma chance de sentir falta do amigo e esquecer os desastrosos encontros anteriores.

Uma outra idéia é estabelecer um local para o encontro

fora de casa, onde as crianças não precisem dividir nada. Podem encontrar-se em playgrounds, num museu infantil ou clube local. Escolha um lugar onde elas possam usufruir a companhia uma da outra sem precisarem ver ninguém pegando seus brinquedos.

Os encontros podem ser experiências extraordinárias para seus filhos. Permitem que eles interajam com crianças de sua idade e aprendam a partilhar. Mas, quando estiver planejando um encontro perfeito para elas, lembre-se de levar em conta a personalidade das crianças envolvidas e de adaptar a brincadeira (e o local) para agradar a todos!

67

ACHE GRAÇA

❧❧❧

Pode acontecer em um momento. A mãe está na cozinha, às quatro da manhã, preparando uma mamadeira para seu bebê e olhando de cara feia para seu marido que também está de mau humor, porque não encontra o bico da mamadeira no lugar onde deveria estar. Enche a mamadeira, passa voando esbarrando no marido, escuta o choro do bebê e rapidamente inclina-se sobre o berço para lhe dar uma mamadeira... de soda.

Por sorte, você percebe em tempo (para infelicidade do bebê) e volta irritada para a cozinha. Então, cada vez mais chateada e frustrada, mostra a mamadeira para o marido e quando está prestes a responsabilizá-lo (por ter deixado a soda perto do leite na geladeira), subitamente se dá conta do absurdo da situação. Você ri, seu marido começa a rir, e ambos ficam lá com cara de quem não dormiu e com os olhos esbugalhados, enquanto o bebê continua a berrar no outro cômodo.

Procure achar sempre graça de todas as situações e sempre faça do riso a prioridade do dia. Você pode permitir que as frustrações e complicações da vida com um recém-nascido a irritem, mas isso não vai resolver absolutamente nada. Além do mais, é líquido e certo que seu bebê irá absorver seus sentimentos negativos e ficará ainda mais descontrolado.

É bom tentar relaxar, rindo das coisas. Ria do seu esquecimento, dos seus erros, da sua burrice e da sua confusão. Ria quando esquecer as chaves no carrinho do bebê e quando colocar uma fralda suja na geladeira. Fará com que você e seu bebê se sintam melhores e quando as crianças forem mais velhas você terá histórias para contar. E, melhor que tudo isso, esses erros não se repetirão.

68

SAIR DE CASA

❧❧❧

Todos os pais principiantes vivenciaram a confusão e o caos de arrumar as coisas para uma saída com o bebê. Como lembrar todos os itens que serão necessários para se passar uma tarde no parque? Fraldas, lenços umedecidos, mamadeiras e roupas suplementares... por que uma criança precisa de tantas coisas para ficar somente uma hora fora de casa?, você se pergunta. O que pode vir a acontecer se você esquecer, por exemplo, de levar... digamos, uma fralda de pano? Bem, até que tenha acontecido, você jamais começará a compreender a importância de estar preparada para qualquer emergência com o bebê.

Acontece uma única vez. Quem sabe se o bebê sai da rotina e começa a pedir desesperadamente por uma mamadeira duas horas antes do previsto. Os quinze minutos de caminhada até sua casa parecerão horas, o bebê berrando e você rezando para o sinal ficar verde.

Por sorte, o bebê não sofrerá tanto quanto você. E você terá aprendido uma valiosa lição: a importância de, antes de sair, checar se a bolsa do bebê está completa. Na próxima vez, tenha certeza de que não esquecerá a mamadeira suplementar ou... nada parecido!

69

TEMPO PARA FICAR A SÓS

Quando a criança é muito ativa, a mãe acha sempre que não tem tempo para si mesma. Mas, algumas vezes, apenas dez minutos é tempo suficiente para se reorganizar.

Tente reservar uma parte do seu dia só para seu filho, façam um lanche juntos, joguem algum jogo, leiam ou façam exercícios. Explique para ele que estes são os quinze minutos para o "momento de vocês". Não deixe que o telefone interrompa e não faça nesse período listas de compras nem cuide das roupas.

Uma vez que vocês tiverem tido esse tempo de vocês, diga que chegou a hora de cada um de vocês ter quinze minutos de "um momento a sós". Explique que a quantidade de tempo é a mesma de antes, só que vocês não estarão juntos. Ajude-o a decidir o que vai fazer durante esses quinze minutos. Ele pode ouvir música, assistir a um vídeo, pintar ou ler – desde que seja algo que ele possa fazer sem sua presença.

Nos primeiros dias, recolha-se em seu quarto, feche a porta

e permaneça lá, mesmo que a criança suplique para que saia. Mantenha um relógio à vista e tranqüilize-a, dizendo que o momento a sós acabará logo. Diga para ela: "Estarei aí fora em (talvez muitos) minutos." Depois de fazer isso por alguns minutos, talvez seu filho comece a aproveitar seus quinze minutos longe de você.

Você pode instituir esse tempo fora de cena, a qualquer hora do dia, enquanto estiver preparando o jantar ou na hora de arrumar a cozinha, se precisar dar um telefonema importante, ou a qualquer momento em que precisar dar uma parada. Não deixe que a culpa a impeça de criar algum tempo para você. Você merece esses quinze minutos a sós, e seu filho se beneficiará, aprendendo a ter autonomia.

70

PERMITA O CONVÍVIO COM OUTRAS CRIANÇAS

❦❦❦

É bom expor as crianças na faixa de dois anos a outros bebês. Interagir com outros bebês solidifica a harmonia para o cultivo da amizade. Quando fazem três anos, as crianças começam a escolher seus próprios amigos.

As primeiras relações de amizade podem acontecer na creche, no maternal ou nos encontros organizados pela mãe. Nesses locais, as crianças aprendem atividades como esperar pela sua vez, escolher brincadeiras, e diplomacia no convívio social. Use essas circunstâncias para demonstrar para a criança como os amigos não devem ser tratados e a importância do pedido de desculpas.

Algumas crianças têm facilidade para fazer amigos, enquanto outras têm mais dificuldade. Seus filhos precisam ter bons exemplos de como um bom amigo trata o outro. Quando vêem seus pais ou irmãos se relacionando com amigos, têm uma melhor idéia de como fazer e manter uma amizade.

Receber um grupo de amigos em casa é uma bela maneira

de demonstrar para a criança como as amizades podem ser valorizadas. Abrindo as portas da sua casa, você está mostrando a seu filho que você se sente à vontade e feliz entre outras pessoas e ele também pode se sentir assim. Incentive seu filho a ajudá-la a preparar o almoço ou um lanche ou a selecionar alguns brinquedos para as crianças brincarem. Permita que ele saiba exatamente quem estará vindo brincar e quais serão as atividades que estarão fazendo. Faça com que seu filho recepcione os convidados quando chegarem e acompanhe-os em um giro pelo quarto dele e pelas áreas de lazer.

Tendo designado um ambiente confortável para brincadeiras e incentivado seu filho a ser cortês, justo e gentil para com seus amigos, você terá feito o melhor – basta agora se sentar e assistir ao desenvolvimento das relações de amizade dele!

71

ENSINAR A TER BOM SENSO

❦❦❦

O bom senso. O reconhecimento de quando se deve dizer não, de uma situação perigosa ou de alguma coisa moralmente errada não é algo inerente às crianças. É muito valioso e importante ensinar os filhos a tomarem decisões certas.

Podemos prever todas as decisões que nossos filhos terão diante deles. E se o amigo de seu filho lhe dissesse para passar pasta de dentes na parede do quarto? Uma criança talvez pense: "Bem, mamãe e papai jamais disseram que eu não *deveria* passar pasta de dentes na parede." Falando de uma coisa mais grave, e se o amigo do seu filho quiser lhe mostrar a arma do pai? Alguns pais acham que essas coisas acontecem somente com crianças maiores, e ensinam sobre os perigos de armas só quando as crianças estão chegando à pré-adolescência. Mas e se isto acontecer com seu pequeno de cinco anos?

Comece a estabelecer regras quando as crianças ainda são pequenas, na faixa dos dois anos. Conforme vão ficando mais velhas explique-lhes a razão dessas regras. Uma maneira de ensinar o bom senso às crianças é deixar que elas decidam muitas coisas sozinhas. Se suas escolhas não fornecerem perigo de vida ou não forem prejudiciais à saúde; deixe que sofram as conseqüências por seus erros, por mais dolorosas e desconfortáveis que sejam. Se sua filha de treze anos insistir em vestir uma blusa de mangas curtas sob o casaco para ir para a escola no inverno, permita. Quando ela ficar congelada, terá aprendido a vestir blusas de mangas compridas no inverno.

Fazer escolhas sensatas para as crianças desde cedo ajuda-as a valorizar suas decisões. A prática do bom senso aprendida na infância perpetuará pela adolescência afora, quando tiverem de enfrentar decisões delicadas. Quando o adolescente toma boas decisões, os pais ficam contentes por terem se empenhado em ensiná-los a agir com bom senso.

72
FAZENDO COM QUE *SEU FILHO* NA PRIMEIRA INFÂNCIA O ATENDA

※※※

Seu pequeno de dois anos é um doce de criança, um menininho bonzinho que está deixando os pais loucos. Ele constantemente ignora você e o pai quando o chamam ou lhe pedem para fazer alguma coisa.

Antes de correr para verificar sua audição, compreenda que esse é um comportamento muito típico em crianças desta idade. É conhecido como "recusa", e pode ser a fase mais irritante e complicada do desenvolvimento pela qual seu filho venha a passar.

Quando ele a ignora, está testando-a. Ele está testando-a para ver se você está sendo coerente em suas palavras e ações. É por esse motivo que é essencial reagir se ele preferir ignorá-la. Por exemplo: se você o chamar para entrar ou para dormir e ele não obedecer, saia e traga-o no colo. Quando você começar a se dirigir a ele e atender às suas demandas de atenção, ele começará a perceber que o assunto é sério.

Se o método da reação não funcionar, deve-se investigar se o sistema auditivo da criança está perfeito. Peça ao pediatra para avaliar se as habilidades de linguagem dele estão compatíveis com sua idade. O teste de audição é simples e pode ser executado no próprio consultório. Testar a linguagem é um pouquinho mais complexo.

Uma criança de dois anos é capaz de juntar duas palavras para formar uma pequena frase e também possui um vocabulário extenso, mesmo que não use sempre todas as palavras. Faça o teste com comandos simples para ver se ele compreende suas solicitações. Diga para ele: "Por favor, traga-me seu brinquedo." Ele cumpre o comando? Quando você lhe pergunta: "Onde estão seus sapatos?" Ele consegue lhe dizer onde estão? Muitos pediatras são capazes de identificar se há um atraso na linguagem ou no aprendizado e podem lhe oferecer opções de tratamento. O segredo é identificar os atrasos bem cedo, pois uma intervenção precoce pode fazer a diferença para superar o problema. O objetivo é que o ritmo normal seja estabelecido antes que a criança ingresse no jardim-de-infância.

Quando as crianças são mais velhas e não o escutam, ainda há motivo para preocupação, embora a raiz do problema deva ser de origem comportamental. Há diversos métodos para reverter o comportamento de uma criança de três anos que se recusa a ouvir. Uma técnica comum é o método "1-2-3".

Quando estiver chamando sua filha para vir para a mesa jantar e ela não se mexer, não a chame pela segunda vez. Em vez disso, comece a contar até três. Se você chegar ao três e ela não tiver obedecido, leve-a para o quarto. No caso de ela começar um acesso de raiva por ter sido levada para o quarto, ignore e mantenha-a lá por três minutos. Após três minutos, chame-a novamente para jantar e se ela se recusar a ir, repita o processo.

É importante que não haja nenhuma interferência no momento em que estiver aplicando o método do "1-2-3". Não deve haver gritos, berros ou qualquer punição física. Esta pode ser uma forma eficaz de fazer com que seu pequeno atenda.

73
GRANDES HISTÓRIAS DE GENTE PEQUENA

❦❦❦

Muitas crianças inventam histórias tão exageradas que algumas delas deveriam incomodar até os autores de *best-sellers*. Se seu pequeno de uns três anos inventar um personagem ridículo, significa simplesmente que ele está usando o limite máximo de sua imaginação! Algumas crianças, porém, são extremamente capazes de inventar histórias. Uma coisa é a criança ter consciência de que suas histórias são apenas fantasia e outra é ela começar a acreditar em suas próprias histórias.

Não é muito comum que os pequenos confundam a tênue linha que divide o real do imaginário. Quando, nessa faixa etária, eles começam a confundir a realidade e as histórias ganham vida, a situação pode chegar a proporções inacreditáveis. O fato pode na realidade ter acontecido com o irmão mais velho, mas na sua cabecinha de três anos ele o associou à sua pessoa. Isso raramente é motivo de preocupação. É apenas uma evolução normal.

Crianças maiores tendem também a exagerar, entretanto

não deixam que suas histórias fiquem fora de controle. As crianças aprendem bem cedo que o exagero é uma grande maneira de manipular a atenção dos adultos.

Na próxima vez que seu filho começar a inventar histórias, tente demonstrar um interesse mínimo. Quando não atraírem atenção, as histórias rapidamente vão desaparecer. Outra forma de lidar com as histórias inacreditáveis é evitar que sejam contadas. Quando uma história inventada começar, diga: "Isso é inacreditável, me desculpe, mas eu não vou ouvir mentiras", ou, "Quando você quiser me contar algo que realmente tenha lhe acontecido hoje, eu o ouvirei." Se esses procedimentos não acabarem totalmente com as fantasias da criança, não fique preocupada. Até mesmo o pouco que sobrou acabará com o tempo, ou então seu filho publicará no futuro uma história de sucesso!

74
BATENDO "UM PAPO" COM SEUS FILHOS

❖❖❖

Quando surge a questão: "De onde vêm os bebês?" Qual a quantidade de informações que é suficiente? A resposta está na forma como a criança faz a pergunta. Os pais precisam saber exatamente o que os filhos estão perguntando antes de prepararem uma resposta.

Por exemplo, se uma criança de oito anos pergunta: "Mãe, de onde eu vim?", certifique-se de que ela está perguntando sobre reprodução, antes de começar uma descrição detalhada sobre esperma e óvulo. Talvez ela esteja apenas querendo saber em que cidade nasceu. Mas, presumindo que a criança quer realmente saber de onde vêm os bebês, use a oportunidade para transmitir seus valores sobre sexo e responsabilidade.

O processo de colocar uma semente no ventre da mãe é algo que uma criança de oito anos tem capacidade para compreender. Dependendo da criança e do andar da conversa, pode-se também incluir o envolvimento do pai no plantio dessa semente. A regra para discutir educação sexual é nunca introduzir um tópico que ainda não tenha passado pela cabeça da criança. Ao falar de bebês e concepção, isso é essencial. Os especialistas sugerem que se comece a responder a uma pergunta sobre sexo com outra: "Qual o motivo da pergunta?" Assim, você poderá descobrir o que está, realmente, na cabeça do seu filho, e direcionar a resposta sem aumentar seus questionamentos.

Quando estiver conversando sobre educação sexual com seu filho, faça de forma curta e simples. Responda honestamente às suas questões e use a terminologia correta. Se ele fizer uma pergunta direta, responda de forma direta. Se perguntar, "o que é uma pessoa virgem?" Diga: "Virgem é alguém que nunca fez sexo." Se a criança lhe perguntar: "O que é sexo?", responda. Caso contrário, encerre a conversa.

As crianças não conseguem alcançar todos os conceitos que ouve de você, mas é importante que você tente satisfazer a curiosidade delas ao máximo. Tenha consciência de que nem todos se sentem à vontade para falar com as crianças sobre sexo, diga a elas que você está feliz por elas terem vindo tirar suas dúvidas com você e que é ótimo restringir qualquer conversa sobre sexo ao âmbito familiar. Reconheça também que educação sexual não é um tema para ser abordado em apenas uma conversa de quinze minutos, o assunto virá à tona muitas vezes. Cabe aos pais identificar no dia-a-dia as oportunidades para ensinar os filhos sobre sexualidade.

75
É A VEZ DO CASAL

❦❦❦

Pais que trabalham fora fazem malabarismos entre suas carreiras e filhos, e parece que nunca têm tempo suficiente para ficar juntos. Vários meses podem se passar sem que um casal tenha uma única oportunidade de ficar algum tempo sozinho. Mas é possível resgatar o romance para suas vidas e fazer com que as coisas sejam como quando formavam um jovem casal saindo pela primeira vez. Tome a iniciativa e convide seu marido para um encontro!

Algumas regras devem ser aplicadas por casais casados que vão começar a sair. O encontro é um compromisso para passarem juntos alguns momentos relaxantes e aproveitar a companhia um do outro. O encontro não deve incluir crianças ou amigos. E cada um deve ter sua vez de fazer os planos para o encontro. Pense na época em que vocês ainda não eram casados e não tinham filhos, lembre-se do que gostavam de fazer quando namoravam e procure maneiras de recriar essas experiências. Vá a um concerto ou saia para dançar. Assista a uma corrida automobilística ou de cavalos e vá fazer um piquenique na praia em uma noite de luar.

Muitos casais começam os encontros e os incorporam em sua rotina. "Noites de encontro" tornaram-se normais entre casais casados estáveis que procuram passar um tempo juntos, longe das crianças. Uma noite de encontro pode ser qualquer dia da semana ou no final de semana (dependendo da disponibilidade da sua babá), e pelo tempo que considerarem conveniente.

Os casais que curtem regularmente as noites de encontro declaram que a semana transcorre de forma mais leve, mesmo tendo de levar as crianças de um lado para outro, preparar suas refeições, brincar com elas e ajudá-las com o dever de casa, porque sabem que a noite de encontro estará lá, permanentemente no dia estipulado.

76

CUIDE DO *SEU* FILHO ÚNICO E PRONTO

※※※

Uma das perguntas que são feitas com mais freqüência a jovens casais é: "Então, quando vocês vão ter filhos?" Às vezes ela é feita até pelos convidados no casamento! É pura pressão! A pergunta, mesmo que formulada pelo amigo mais íntimo do noivo ou da noiva, é delicada e antipática.

Uma outra pergunta inconveniente que é feita freqüentemente aos pais com um só filho é: "Então, quando vão ter outro?" Na realidade, isso importa a alguém? A resposta pode trazer à tona sentimentos de embaraço ou tristeza para o casal. É necessário levar em consideração que nossos questionamentos podem ferir os sentimentos dos outros. Na verdade, é perfeitamente compreensível, hoje em dia, que as famílias sejam compostas por apenas um casal amoroso e uma criança adorável.

Nos Estados Unidos, há muitas famílias com um só filho, é estimado que 41% das famílias americanas têm uma só criança. Não importa se isso é algo que foi planejado ou destino, esses casais podem ter sentimentos de culpa próprios dessa situação. Não é agradável terem de passar ainda pelo desgosto de ter de explicar aos outros.

Os sentimentos mais comuns partilhados por esses casais é que deveriam ter outro filho para fazer companhia ao primeiro. Eles vêem no irmão a solução ideal, mas, considerando-se o número de irmãos que não se dão bem, esse não é o caso. A amizade entre irmãos é uma bênção! Psicólogos infantis que estudam o comportamento de famílias com um único filho acreditam que este desenvolve habilidades sociais excepcionais por ser sempre "o melhor" da casa. Isto contribui para a construção da auto-estima da criança, que se desenvolve mais e se torna mais hábil para lidar com outras pessoas.

Uma concepção muitas vezes errada é que criar um filho único é uma tarefa fácil, se comparada à criação de dois ou três. Na verdade, o contrário é o correto. Pais com um único filho investem tudo que podem nesse filho e todos sofrem fortes influências por seus sucessos e fracassos.

Pais de filhos únicos têm também o receio de os mimarem. Os especialistas mais uma vez discordam, salientando que toda criança passa pela fase de "criança mimada". Além do mais, se uma criança receber tudo que deseja, seja ela filha única ou seja ela parte de uma família de seis irmãos, ficará mimada!

77

PRAZER EM DOBRO!

❧❧❧

Todos sempre se encantam com gêmeos. Preste atenção qualquer dia destes no parquinho aos jovens pais de gêmeos e verá como são parados o tempo todo por estranhos que querem ver os gêmeos de perto, fazer perguntas ou simplesmente dizer: "oh!" e "ah!" Observe um pouco mais esse casal e veja se concorda que criar gêmeos requer energia em abundância, muita paciência e entusiasmo.

Mães de recém-nascidos gêmeos precisam da mesma assistência que qualquer jovem mãe, só que suas necessidades são exageradas. Gêmeos normalmente precisam comer mais freqüentemente, por conseqüência disso interrompem mais o sono dos pais. Os bebês provavelmente terão rotinas diferentes e a mãe de gêmeos, no período de amamentação, precisará descansar em dobro para que possa produzir mais leite.

Os pais de gêmeos não devem se envergonhar em pedir ajuda. É provável que familiares fiquem emocionados por tomarem conta dos bebês. A multiplicidade tem um certo encanto. Atrai os amantes de bebês e fascinam mesmo os visitantes mais relutantes. Não ache esquisito pedir aos visitantes para trazerem comida! Comida congelada são as melhores opções para esses dias muito turbulentos.

Quando os gêmeos são os segundo e terceiro filhos, é importante prestar muita atenção ao outro irmão. O mais velho provavelmente se sentirá ignorado e deixado de lado quando os visitantes forem diretamente para ver os novos bebês. Peça aos amigos ou familiares para saírem com o mais velho e passarem um dia especial só por conta dele.

Há muitas questões além das que aparecem em um primeiro momento que se tornam mais evidentes de acordo com o crescimento das crianças. O pior que se pode fazer é comparar os gêmeos e falar sobre eles quando estão presentes. Os gêmeos enfrentam os questionamentos dos amigos e de todos diariamente, e são levados a se sentirem como se fossem duas metades de uma única pessoa, em vez de dois indivíduos. Os pais de gêmeos devem lembrar aos outros que seus filhos são dois indivíduos. Devem vesti-los de forma diferente, e chamá-los pelos nomes é mais apropriado do que se referir a eles como "os gêmeos".

Quando os gêmeos são bebês ou têm menos que três anos, muitas vezes os pais reclamam de serem abandonados por amigos que não se sentem bem com muitas crianças juntas de uma vez só. Se você está passando por uma situação como essa, diga para seus amigos que podem levar só uma das crianças para um passeio. Isso na realidade atinge dois objetivos distintos – será bem mais fácil para seus amigos e para as crianças, e proporcionará um tempinho especial a sós com seu outro filho.

Os múltiplos, sem sombra de dúvida, são especiais. Pais de gêmeos também o são e são alvo de um grande respeito por parte dos pais de filhos únicos que imaginam ser impossível desempenhar essa função. Com certeza o trabalho é difícil, exaustivo e extenuante, mas com duas carinhas olhando para você com amor a cada dia é duplamente compensador.

78

HORA DO DEVER DE CASA

❦❦❦

Estudos recentes sobre a eficiência do dever de casa provaram alguns fatos interessantes. A conclusão foi que os benefícios acadêmicos da prática do dever de casa variam de acordo com o nível do aluno. Alunos do ensino médio, que completavam regularmente seu dever de casa, suplantaram os que não o faziam. Quanto aos alunos das últimas séries do ensino fundamental, apenas a metade obteve resultados melhores, e para os das primeiras séries o dever de casa não exerceu nenhum impacto em seus resultados!

Mas os deveres de casa não servem só para melhorar as notas das crianças e testar seu aproveitamento. Eles ajudam os alunos a adquirir autodisciplina, organizar seu tempo e reconhecer que podem aprender fora da escola.

Muitos pais questionam-se o tipo de ajuda que precisam dar aos filhos na hora do dever de casa. Para responder a essa questão, é necessário saber qual é o objetivo. Você deseja que seus filhos saibam planejar, gerenciar e executar o dever de casa sozinhos. É óbvio que se você fizer o dever de casa dos seus filhos todas as noites, não estará ajudando-os a chegar a esses objetivos. Se fizer o dever de casa das crianças, elas não desenvolverão as habilidades próprias para executar as tarefas relativas ao estudo.

Os pais devem participar do dever de casa limitando-se a quase nenhum envolvimento, o que normalmente não é mais do que uma espiadinha por cima dos ombros da criança sem que ela perceba. A distância a ser mantida depende da idade dos filhos, de quão independentes são e de como estão indo na escola. Algumas crianças precisam de ajuda para aprender a planejar seu tempo de forma inteligente, mas o mais importante é lembrar que o dever de casa é *delas*.

Assegure-se de que as crianças, ao se sentarem para fazer o dever, tenham todo o material de que precisam: lápis apontados, borrachas, um local iluminado e calmo, e um dicionário para procurar as palavras desconhecidas. Desligue a televisão e a música, e tire o telefone do gancho. Garanta às crianças que você estará próxima no caso de terem alguma dúvida.

A atitude dos pais em relação ao dever de casa é crucial para ajudar o desenvolvimento escolar dos filhos. Apoiar as crianças em seus esforços escolares reforça a mensagem de que a educação está em primeiro lugar.

79
REGISTRE O MOMENTO

❧❧❧

Com um bebê na casa há coisas que você vai querer lembrar daqui a meses ou anos. Logo, apesar de estar atolada de roupas para lavar, de precisar cozinhar e tudo o mais, é essencial que você encontre tempo para apanhar a máquina fotográfica ou filmadora e focalizar seu bebê.

A maior parte das fotos dos bebês é tirada quando há visitas, num feriado ou numa viagem. É nos outros momentos, quando não há mais ninguém por perto, ou no meio da noite, que o bebê fará algo maravilhoso. Para capturar esses momentos, deixe a máquina à mão o tempo todo. Dessa forma, você não perderá um único, surpreendente e espontâneo momento de atividade do seu filho.

Organize as fotos do bebê assim que tirá-las do envelope. Date-as e coloque-as num álbum ou numa caixa de fotos. Mantenha as fotos piores organizadas em uma caixa separada. As fotos tendem a ficar abandonadas em uma gaveta quando não estão bem organizadas. Daqui a cinco anos você encontrará centenas de fotos sem datas. Você terá então de adivinhar a idade das crianças pelas roupas ou pelo evento em que tiverem sido tiradas.

Filmes da família e vídeos devem ser catalogados e datados o mais cedo possível. Assim que a fita tiver sido repleta de lembranças, nomeie de acordo com os eventos gravados e guarde-a no local apropriado.

Fotografias e filmes da família são algo que você e seu marido curtirão por muitos anos ainda. À medida que o bebê for crescendo, vai adorar ver as fotos dele e assistir a fitas da família. Quem sabe se não vai preferir as fitas de vídeo de sua família às alugadas ou compradas?!

80

REGRA NÚMERO 1: AS MÃES NÃO PODEM FICAR DOENTES!

❦❦❦

Essa é uma regra que todas as mães novatas deveriam saber. Elas não podem nem mesmo ficar doentes. Algumas vezes, é claro que é inevitável. A criança doente não hesita em babá-la toda e tossir na sua comida. Mas ela precisa se especializar em evitar os germes dos filhos doentes, pois quando se tem crianças doentes é necessário estar munida de todas as suas forças para cuidar delas!

Quando as crianças estão doentes, há sempre mais necessidade de abraçá-las e beijá-las para que se sintam melhor. Muitas mães decidem mandar o cuidado para o espaço e dar todo o amor e a atenção de que elas desesperadamente precisam. Afinal de contas, elas estão tão vulneráveis! Como pode a mãe não oferecer conforto a crianças assim?

Mas quando isso acontecer, procure outras maneiras para confortar seus filhos doentes – um beijinho na testa, um abraço distante e mesmo a oferta de sentar para ver suas fitas de vídeo favoritas. Todo o conforto que puder prover, sem se expor à doença.

Este aviso é sério. O pior cenário é quando a mãe fica doente. Quando o marido tiver ido trabalhar, o bebê estiver chamando e o outro estiver chorando, e você estiver tão doente que não consiga tirar a cabeça do travesseiro – precisará tirar assim mesmo. Você será obrigada a levantar e funcionar pelas próximas dez horas, até que seu marido volte e a renda. Você vai ter de preparar refeições, manter as crianças ocupadas, e, se possível, fornecer um pouco de leite e manter o bebê seco e limpo.

Talvez sua cabeça esteja latejando e sua garganta queimando e seu corpo esteja cheio de sofrimento e dor – mas você tem de atuar. Que você pense bem, antes de cobrir seu filho de beijos quando ele estiver com febre!

81
VOCÊS NÃO *SÃO SUPERPAIS!*

❦❦❦

Você já conheceu uma dessas mães que, apesar de ter quatro filhos, mantém a casa sempre impecável? Ou alguém que seja capaz de dizer: "não deu o menor trabalho", enquanto recepciona seus convidados ostentando um exagero de doces maravilhosos e saladas de frutas? Conhece um desses pais que, apesar de administrarem uma empresa, ainda conseguem jogar bola com o filho todas as noites? Ou ainda um homem que trabalha impecavelmente em seu jardim no final de semana e ainda participa de aulas de dança na associação local?

Se o mundo fosse perfeito, teríamos pisos imaculados, geladeiras sempre abastecidas e muito tempo para a jardinagem. Poderíamos aproveitar todos os finais de semana para assistir aos eventos esportivos e às aulas de artes dos nossos filhos em vez de correr da loja de materiais elétricos para o supermercado ou lavanderia. Poderíamos confraternizar com os vizinhos, que por coincidência também estariam tranqüilos, e nossos carros estariam sempre brilhando.

O mundo, porém, não é perfeito, exceto para uns poucos "superpais" que demonstram fazer tudo isso. É simplesmente irreal demais se acreditar que é possível funcionar como pais perfeitos o tempo todo.

Entretanto, os pais podem agir corretamente e dar prioridade às coisas importantes, como por exemplo dedicar aos filhos um tempo de boa qualidade. A melhor realidade é aquela na qual as crianças estão sempre felizes, bem nutridas, saudáveis e otimistas. Se você conquistou isso para seus filhos, não se desespere pelo fato de a grama estar grande e o chão estar um pouco sujo. Deixe tudo para lá. Crianças felizes e saudáveis representam o objetivo que quaisquer superpais gostariam de alcançar.

82
ESPECIALIZE-SE NA CRIAÇÃO DE FILHOS

Não seria fantástico que alguém pudesse adquirir um diploma de como criar filhos? Dessa forma, saberíamos o que fazer quando o bebê não parasse de chorar ou não quisesse largar a mamadeira. Saberíamos a reação apropriada quando o filho de três anos se envolvesse numa briga na escola ou o adolescente passasse a noite fora.

Infelizmente, não há faculdade de formação de mães ou pais. Os novatos são largados à própria sorte. "Acontecerá normalmente", afirmam os pais preocupados, quando o bebê estiver prestes a chegar. Bem, e o que fazer se não acontecer naturalmente?

Hoje em dia, em muitas comunidades, são oferecidos cursos para pais. São grupos de apoio formados por pessoas que partilham as experiências pelas quais já passaram um dia. Uma relação dos programas oferecidos pode ser obtida através de conselheiros familiares ou hospitais locais. Confecção de mamadeiras, banho, troca de fraldas e outras tarefas que parecem intransponíveis... Com uma ligação telefônica, é possível encontrar um curso adequado às necessidades dos novos pais.

As habilidades da paternidade e maternidade são adquiridas com a experiência, mas ninguém nunca disse que deveria ser com a sua experiência. Quando os outros relatam suas histórias, você ganha informação e alívio por não precisar aprender por si mesmo. Não tenha medo de ingressar em uma classe para aprender o que os outros têm a ensinar – você encontrará um ambiente repleto de pais que, assim como você, ainda estão esperando que "aconteça naturalmente". Ninguém achará que seus questionamentos são ridículos. Na verdade, você estará ganhando mais do que soluções e sugestões para seus problemas.

83
LEVANDO AS CRIANÇAS PARA JANTAR FORA

❈❈❈

Eis aqui algumas dicas para sair para jantar fora com as crianças e tornar essa experiência agradável para todos os envolvidos. Comece com uma simples ligação para o restaurante de sua escolha, perguntando se há cadeiras altas para crianças e espaço para carrinhos. Se estiver indo para um restaurante à *la carte*, pergunte quanto tempo demoram para servir após o pedido ser feito. Lanchonetes, pensões e restaurantes *self service* proporcionam ótimas opções de passeio para famílias – com crianças e pizza, é sempre tiro certo!

Antes de sair de casa, arrume uma bolsa para o seu filho. Coloque seus livrinhos favoritos, algumas folhas de papel em branco, um livro de colorir e uma caixinha de lápis de cor. Outros itens pequenos e silenciosos, como carrinhos ou bonecas também fazem excelentes brinquedos de mesa. Não se esqueça de levar de casa o copinho de canudo e o prato especial, se as crianças precisarem deles para poder jantar.

Não leve crianças famintas para um restaurante e faça com

que esperem até a chegada da comida. É uma boa idéia oferecer às crianças um petisco (frutas, vegetais, biscoitos ou iogurte). Crianças com fome não são pacientes e ficarão mais facilmente irritadas e mal-humoradas, se o serviço for lento.

Explique às crianças como devem se comportar em restaurantes. Diga que precisam falar baixo e não devem perturbar ninguém. Se possível, escolha uma mesa num canto contra a parede para que elas tenham menos motivo para olhar para trás, evitando que fiquem se virando para lá e para cá, e mantendo-as longe do caminho do garçom.

É melhor pedir primeiro as refeições das crianças. A comida delas virá mais rapidamente e poderão comer o prato principal enquanto você estiver fazendo seu pedido e na hora da sobremesa delas, você poderá apreciar sua entrada. Se o restaurante não tiver um menu infantil, peça que o garçom monte um prato para crianças – na prática, a palavra certa é *planejar*. Peça que todas as guarnições sejam servidas à parte. As crianças pequenas são famosas por fazerem manha se qualquer tipo de comida "argh" estiver tocando em seus hambúrgueres.

Se as crianças ficarem inquietas, enquanto você espera sua comida, leve-as para um passeio no banheiro, visite a cozinha ou simplesmente lave as mãos – essas técnicas podem servir como distrações para crianças agitadas.

Insista para que seus filhos permaneçam sentados durante o jantar. Uma vez que lhes der liberdade para circular pelo restaurante, terá perdido o controle da situação. Saia assim que acabar de comer. Não se pode esperar que crianças pequenas fiquem sentadas, enquanto os pais demoram comendo a sobremesa e tomando café.

Acima de tudo, presuma que seus filhos irão sempre causar-lhe algum tipo de embaraço... Isso acontece espontaneamente, quando unimos estes dois itens: crianças e restaurantes. Esteja realmente preparada e você será capaz de minimizar tudo!

84
CONVERSE COM *SEU* FILHO ADOLESCENTE

❧❧❧

Muitos meninos, durante a adolescência, não convivem com outros adultos além dos pais e professores. Adultos são estressados, atribulados e normalmente preocupados, e os rapazes simplesmente não têm interesse em ter nada em comum com eles.

Se você busca se comunicar com seu filho adolescente, terá de passar um tempo com ele, fazendo o que ele gosta de fazer e escutando o que ele tem a dizer. Quer você goste ou não, terá também de passar um tempo jogando videogame. A maioria das conversas entre pais e filhos acontece durante uma partida de Super Mário Brothers.

Tente perceber a forma como seu filho interage com seus colegas. Descubra o que gostam de fazer. Eles estão querendo ir para o campo de beisebol depois da escola ou ir brincar de bola-ao-cesto na rua? Você não precisa se oferecer para ir com eles ou fazer com que se sintam constrangidos. Mas, ouvindo-os por apenas uns dez minutos, lhe dará uma pequena idéia do tipo de garoto que seu filho é. Isso facilitará uma conversa entre vocês dois.

Os meninos, na adolescência, não usam palavras tão sofisticadas quanto os adultos. O corpo deles está cheio de energia e flexibilidade, o que faz com que freqüentem mais a quadra de basquete do que o banco da praça para "uma conversa". Se você quer realmente se conectar com um adolescente, precisa se tornar ativo. Desafie-o para uma disputa de gols ou leve-o para um campo de minigolfe. Essa atmosfera energética deve ajudar a quebrar o gelo e abrir canais de comunicação.

Você pode também tentar algumas estratégias para iniciar conversas e atrair o interesse de seu filho! Escolha tópicos irreverentes que o surpreendam e atraiam sua atenção, partilhe um ou dois segredos com ele – quanto mais dramático, melhor. Os filhos sabem que não somos perfeitos, logo coloque seus erros em pratos limpos e escandalize-o, fazendo com que pense que você é o ser humano mais interessante do planeta! Fale do dia em que você quase levou um tiro ou de quando você caiu na lama, bem antes de uma entrevista de trabalho. Ele apreciará o excitamento da história, e compartilhar segredos é um salto para fazer com que fiquem um pouco mais próximos.

Não é freqüente que os pais discutam o futuro com os filhos – não o futuro que eles esperam que o filho siga, mas o seu próprio futuro. Obrigue-se a perguntar ao seu filho sobre seus sonhos e incentive-o a pensar maior e mais ousadamente. Ele gostará imensamente disso e ficará excitado em vê-lo com um interesse tão grande em suas aspirações.

85

CONVERSE COM SUA FILHA ADOLESCENTE

❖❖❖

Muitos pais ao educar os filhos observaram que os meninos têm maior tendência para evitar cenas de desentendimento, enquanto as meninas tendem a fincar pé e argumentar. Uma das possíveis razões é que elas, em vez de guardarem seus sentimentos e emoções, extravasam... As meninas adolescentes são as que mais ofendem, usando, às vezes, palavras iradas e prejudiciais.

Psicólogos que estudaram sobre relacionamentos ente pais e filhas afirmam que, normalmente, as discussões entre eles podem ser evitadas se os pais simplesmente aprenderem a ouvir. Mas não é fácil.

Sua filha está furiosa por você não prorrogar seu horário de chegar em casa. O nível da discussão já está aos berros. Para lidar com a situação, é necessário deixar as emoções de lado e tentar decifrar o que ela está sentindo e dizendo, identificar as palavras que descrevem seus sentimentos e devolver essas palavras a ela, de modo que instigue o questionamento. Se ela disse que você não a compreende, diga-lhe: "Certo, então me explique." Antes do primeiro grito, peça-lhe para falar mais sobre o assunto para que você tenha oportunidade de entender. "Posso saber por que você está com raiva, é sobre a hora de chegar em casa ou outra coisa qualquer?" Você terá atingido as emoções dela fazendo com que perceba que você está prestando atenção. Se puder parar e argumentar, diga: "Isto parece importante para você, por que motivo?", você poderá, desta forma, contornar o problema.

Tente pedir "um tempo" quando o cenário entre você e sua filha tornar-se muito emotivo. Muitas adolescentes resistem no primeiro momento a essa idéia, mas no fim das contas gostarão de ter tempo para dar uma acalmada. Ninguém gosta de perder o controle. Quando o sangue-frio prevalecer, ela terá tempo para organizar os pensamentos e considerar, em primeiro lugar, o motivo de você não concordar com a prorrogação do horário de chegar em casa.

Uma coisa a ser considerada é o padrão de comportamento que se torna evidente em diferentes circunstâncias. Por exemplo, você se pega freqüentemente brigando por sua filha ter saído com seus amigos? Ou estão sempre se aborrecendo na hora do dever de casa? É possível que esse acontecimento esteja associado a algo que a está angustiando. Talvez haja um problema na escola. Identificando estes padrões e discutindo-os com ela, você deverá ajudá-la a resolver os problemas e evitar futuras explosões repentinas.

Finalmente, mãe e filha não devem jamais chegar a um impasse na solução dos problemas. Se isso vier a acontecer, você terá de lançar mão do "eu quero que seja assim" e fazer com que ela, querendo ou não, aceite sua regra. Existe a possibilidade de ela ficar infeliz, mas se você a tiver ouvido honestamente, ao menos ela ficará satisfeita por você de fato entender seus sentimentos e valorizar seu ponto de vista.

86

UM LUGAR *SÓ* DELES

❦❦❦

Até que as crianças estejam com uns quatro anos de idade, é possível projetar quartos perfeitos e que sejam do agrado delas. E, quando estiver na hora de mudar a decoração, antes de gastar muito dinheiro com os móveis novos que você acha que elas irão gostar, sente com elas e discuta os desejos e sonhos que têm para o pequeno mundo delas.

Qual o grau de interferência que se pode permitir às crianças? Afinal de contas, se uma criança está prestes a deixar o berço, provavelmente tem idade suficiente para opinar, mas não o suficiente para saber o que é melhor para ela. Sem dúvida, suas idéias devem ser levadas em consideração, mas, vamos e venhamos, você não vai querer que o papel de parede seja de personagens de desenhos animados, para que após uns seis meses seu filho chegue à conclusão de que odeia os personagens que escolheu.

No caso de a criança pedir personagens na parede, opte por uma borda estampada e ela terá tido a sensação de domínio.

Salpique alguns personagens, nos lençóis e cortinas, e você terá uma decoração que poderá ser substituída num piscar de olhos!

Outra boa opção que pode ser usada, para incluir seu filho nos planos de decoração, é usar estêncil para estampar as paredes. Treine antes em uma prancha de papel e prenda na parede para ver o efeito. Ou tente pintura com esponja ou usando moldes. Com esses processos, mesmo as crianças bem pequenas podem ajudar.

Escolher a cama da criança é a parte mais difícil do processo de decoração do quarto. Antes, quando você escolheu o berço, sabia exatamente o que estava procurando: um que combinasse com a decoração do quarto do bebê e que estivesse de acordo com as normas de segurança. Comprar uma cama é um pouco complicado, especialmente por você não saber se a criança dormirá nela!

Freqüentemente, os pais erram ao escolher a primeira cama da criança, comprando uma grande com a expectativa de que possa ser usada por muito tempo. Mas muitas crianças, quando saem do berço e acham a cama muito grande, ficam com medo de dormir nela. Se você, de qualquer forma, tiver de comprar uma cama grande, tente acostumar seu filho a ficar no quarto usando o colchão ou uma cama reserva. Ficar mais perto do chão, o ajudará, certamente, a fazer a adaptação. Aborte a idéia da cama infantil com feitio de carros de corrida ou casas de boneca... a criança rapidamente estará maior do que ela e você, antes que perceba, voltará ao ponto de partida.

87
DÊ COMIDA SAUDÁVEL AOS SEUS FILHOS

❧❧❧

É fácil adquirir o hábito de dar a seus filhos alimentos que não fazem bem à saúde – especialmente por uma questão de praticidade. Permitindo, entretanto, que as crianças comam de forma errada, os pais fazem com que adquiram hábitos alimentares prejudiciais à saúde, hábitos estes que vão, muitas vezes, acompanhá-las durante a adolescência e a vida adulta.

Alimentar as crianças com comidas e petiscos saudáveis talvez dê um pouco mais de trabalho, mas, a longo prazo, é realmente garantido que isso proporcione mais saúde! Eis aqui algumas boas dicas para ajudar na formação de bons hábitos alimentares.

Quando a criança diz que está com fome, não a faça esperar até a hora do jantar. Ofereça um pratinho com vegetais frios.

Detecte a diferença entre uma criança com fome e sem fome. A criança com fome comerá (mesmo frutas, vegetais e queijo), enquanto que a criança sem fome não vai falar em fome se estiver entretida com qualquer outra coisa.

Não desista das crianças enjoadas. Há estudos que indicam que elas precisam provar diversas vezes novos alimentos, antes que passem a gostar deles.

Quando volta da escola é que a criança tende mais a ser atacada por uma crise de fome, e como essa crise pode acontecer subitamente, você tem de estar preparada. Se tiver batatas fritas em casa, quando der a crise de fome, é isso que a criança vai pegar. A melhor forma de incentivar uma alimentação saudável é manter a geladeira repleta de coisas saudáveis, escolhidas criteriosamente e ao alcance das crianças.

Frutas frescas, como uvas e bananas, são os melhores alimentos doces para alimentar seus filhos com fome e repor a energia deles, quando chegam da escola. Se seu filho se recusar a comer frutas, tente substituir por picolé de frutas ou iogurtes.

Os vegetais combinam mais com o dever de casa – roer cenouras é maravilhoso para aliviar o estresse causado pelos problemas de matemática! Experimente cenouras pequenas, tiras de pimentão, aipo ou brócolis. Tente com misturas cremosas de sabores variados, condimentos ou molho.

Como um petisco de fácil alcance para depois da escola, experimente pudins comprados prontos, iogurtes, tirinhas de mozarela ou um copo de leite gelado com chocolate. Combine com uma porção de biscoitos salgados e torradas e bolinhos de baixa caloria. Um lanche como esse pode substituir um jantar. Siga sempre esta linha: cereal com poucas calorias, granola, rosquinhas salgadas (assadas), manteiga de amendoim e geléia em biscoitos salgados ou bolinhos de arroz. Estas são opções melhores do que batatas fritas, salgadinhos fritos ou biscoitos industrializados.

As crianças estão desenvolvendo hábitos alimentares que vão influenciar o peso delas e a forma de se alimentarem para o resto de suas vidas. Com hábitos saudáveis de alimentação em casa, seus filhos podem aprender a fazer boas escolhas alimentares no futuro.

88
CUIDE DO SEU FILHO DOENTE

❧❧❧

A regra básica para pais que estão com filhos doentes é confiar em seus instintos! Eles conhecem bem seus filhos e, se algo lhes diz que as coisas estão fora do eixo, é melhor pegar o telefone e ligar. Os pais jamais deveriam se preocupar se estão pedindo muita ajuda, ou se suas inquietações são bobagem ou estupidez. Ligações apavoradas no meio da noite e saídas matutinas de emergência são inerentes à atividade.

É lógico que os pais precisam estar sempre atentos às queixas e aos sintomas dos filhos. Às vezes, um machucado ou uma dor de barriga pode ser mais grave do que aparenta. Se os sintomas piorarem ou ficarem estranhos, ligue para o médico imediatamente – especialmente se a criança estiver vomitando ou com uma diarréia por muitas horas. Investigue sempre qualquer tipo de erupção (particularmente acompanhada de febre) e uma tosse ou gripe que dure muitos dias.

Quando lidamos com pequenas indisposições, fazer com que seu filho se sinta melhor é a primeira preocupação dos pais. Crie um "lugar para criança doente" na sua sala, abastecida com travesseiros macios, cobertas quentes e os brinquedos favoritos da criança. Acomode o doentinho no sofá, o mais confortavelmente possível. Deixe que assista à televisão o tempo que quiser ou a quantas fitas de vídeo desejar. Quando o mal-estar aparece, as crianças precisam da distração que a televisão proporciona.

Confie na canja! Por gerações, as mães judias deram canja aos seus pacientes e por uma boa razão! O líquido, salgado e morno, é perfeito para limpar uma garganta inflamada, a galinha é rica em proteína, e a massa é nutritiva e fácil de ser ingerida com a garganta irritada.

Hidrate, hidrate e hidrate. Especialmente se houver febre. As crianças perdem líquido rapidamente quando estão doentes, e é necessário repô-lo ou elas podem ficar desidratadas. Mantenha uma garrafa d'água por perto e tente fazer com que a criança beba.

O principal: fique com seu filho, mesmo se ele estiver sonolento. Se você tem contas a fazer, sente perto dele, no sofá, e trabalhe. Será reconfortante ver você perto dele, cada vez que acordar.

89
DISCIPLINAR DE FORMA POSITIVA

❧❧❧

É por meio da disciplina que guiamos nossos filhos e lhes ensinamos comportamentos aceitáveis, dentro de certos limites. Disciplina não é o mesmo que punição. Quando há punição, subentende-se que a criança esteja errada, com relação a algo que já aconteceu. A disciplina cuida do comportamento, como algo negativo, e lida com o presente e o futuro.

Saber discernir o certo do errado é um conceito que demanda tempo e experiência. Crianças pequenas precisam dos adultos para cuidar delas e protegê-las do perigo, uma vez que não se pode esperar que elas recordem todas as regras e limitações que lhe são passadas. É normal que as crianças pequenas ajam mal, uma vez que ainda estão apenas aprendendo as regras.

Você sabe que para usar o errado a fim de ensinar o certo às crianças é necessário discipliná-las. Sabe também que precisa de um tempo para controlar a raiva pelo que as crianças fazem de errado. Se seu pequeno, de cinco anos, inundou o banheiro, seu primeiro instinto talvez seja dar-lhe um tapa no traseiro. Mas não diga nada. Dê um tempo, e direcione sua raiva para a bagunça antes de direcioná-la para ele. Feche a torneira, respire fundo, vá para outro cômodo e grite se for preciso. Então, procure seu filho e fale com ele calmamente. Coloque-o de castigo, tire-lhe um privilégio e faça-o ajudar na limpeza. Mas lhe explique o motivo da raiva e as razões pelas quais ele não deve fazer algo como isso de novo. É possível que, assim, ele entenda por que não pode inundar o banheiro.

Não é fácil disciplinar crianças. Punições físicas, como espancar, dar tapas, bater ou sacudir, não devem ser jamais usadas. Fazem com que elas ajam mais por medo, do que por motivação de se comportarem de forma responsável. Crianças que são fisicamente punidas podem desenvolver baixa autoestima e tornarem-se agressivas. Bater em crianças não faz com que aprendam nada de bom, exceto a bater. Tirar um privilégio demonstra que você está seriamente empenhada em mudar seu comportamento e faz com que seu filho pense e aprenda com a experiência.

Tente utilizar-se de humor quando estiver disciplinando seus filhos. Isso pode reduzir a tensão ou ajudar a tornar um trabalho mais leve. Pode também encorajar você e seus filhos a não darem tanta importância aos seus problemas. Entretanto, não use humor demais. O objetivo não é dar aos seus filhos a impressão de que eles são agradáveis quando fazem algo prejudicial.

Se precisar de auxílio para disciplinar seus filhos, busque a ajuda de um profissional! As crianças não seguem padrões, crescem e adquirem novas habilidades em seu próprio ritmo. Algumas vezes podem precisar de um pouco de ajuda extra para entrar nos eixos. E, às vezes, são os pais que precisam de ajuda, pois necessitam esforçar-se para escolher o melhor caminho, a fim de educar seus filhos.

90

COMPLETANDO UMA FRASE

❦❦❦

Como a mãe ou o pai de qualquer criança de dois anos sabe, completar uma frase é a maior dificuldade que se tem no decorrer de um dia comum. Mesmo que você seja uma pessoa normal e tenha filhos normais, sem dúvida, vive passando por inúmeras conversas inacabadas e uma variedade de frases interrompidas.

Como fazer para que as crianças parem de interrompê-la? Primeiro, ensine a elas que interromper os outros simplesmente demonstra falta de educação. Isso vai confundi-los especialmente se a tiverem interrompido pedindo "licença!" Se seus filhos se lembrarem de interrompê-la pedindo "licença", elogie-os primeiramente e depois os reprimenda pela interrupção.

Muitos pais censuram os filhos por interromperem-nos, mas, ao mesmo tempo, respondem às perguntas feitas pelas crianças, quando são interrompidos! Isso não funciona com crianças pequenas e persistentes. Uma vez que elas concluem que vão obter respostas às suas perguntas, apesar de você estar falando com alguma outra pessoa, vão continuar agindo da mesma forma.

O pedido de mais um doce não é justificativa para uma interrupção. Interromper o pai ou a mãe ao telefone para dizer que a casa está pegando fogo é. As crianças podem aprender a diferença entre algo que demanda atenção imediata e algo que não demanda. Instrua seus filhos a esperarem uma pausa na conversa (desde que não seja uma emergência) e a pedir "licença". Quando fizerem isso, certifique-se de responder positivamente. Por exemplo, se o pedido for sobre alguma coisa que pode esperar, você deve dizer: "Querido, ouvi você pedir outro doce, mas, por favor, espere até que eu acabe de conversar e podemos discutir isso." Continue, então, sua conversa.

Outra maneira de restringir as interrupções das crianças é elaborando um sinal especial entre vocês, permitindo que você saiba que seus filhos precisam lhe falar e que eles percebam que você entendeu. Eles poderiam, por exemplo, comprimir levemente a sua mão ao precisar lhe falar, e você corresponderia à pressão, para indicar que lhes dirigirá a atenção. A pior coisa a fazer quando as crianças estão interrompendo é começar uma discussão com eles! "Você está me interrompendo! E, não, você não pode comer mais um doce, está quase na hora do jantar!" Em vez disso, olhe nos olhos deles e diga: "Vou ouvir você em um minuto", e retome sua conversa. Apóie-se nesse método e nunca entre em crise. Seus filhos vão aprender rapidamente que você não vai responder quando eles a interromperem e é provável que eles adquiram paciência para esperar até que você tenha acabado de conversar.

91
CONSEGUINDO A COOPERAÇÃO DOS FILHOS

❖❖❖

A queixa mais comum, hoje em dia, entre pais é: "Meus filhos não me obedecem." Isso ocorre, principalmente, porque há tantas coisas que os pais querem que os filhos façam, que ficam exasperados por terem de pedir tanto. Não se pode esperar que os filhos passem a cooperar sem serem mandados, isso não acontece. Mas, com o uso de habilidades consistentes e efetivas, os pais podem conseguir mudar o comportamento das crianças e incentivá-las a cooperar espontânea e freqüentemente.

Em primeiro lugar, seja clara e específica sobre o que você quer que seja feito. Fazer comentários generalizados, como: "Este porão está uma bagunça!", quando você quer que seus filhos limpem o porão, não funciona. Em vez disso, diga diretamente: "Crianças, quero que vocês limpem o porão imediatamente!" É igualmente importante evitar começar os pedidos com: "Você vai?", "Você poderia?" ou "Você iria?" Isso dá aos seus filhos a impressão de que obedecer ao seu pedido é uma opção.

É essencial, também, afastar as distrações quando pedir às crianças para fazerem algo. Pode-se perder muito tempo (sem mencionar energia!) dizendo para uma criança de oito anos que ela tem de aprontar-se para a escola, se ela estiver sentada próxima à televisão ligada. Primeiro, desligue a televisão. É uma boa idéia esperar um comercial... se não estiver com pressa... a fim de evitar posicionar a criança na defensiva.

Forneça incentivos que motivem seus filhos a desempenharem incumbências: "Quando tiver acabado de limpar o porão, poderá sair para brincar." Quando lhes é fornecida uma recompensa pelo trabalho (não confunda com suborno!), eles ficam mais inclinados a completar a tarefa que lhes foi pedida.

Geralmente, quanto mais escolhas são dadas às crianças, mais elas se sentem com o controle da situação. Se estiver cansada de pedir para que seus filhos façam alguma coisa, forneça-lhes uma opção: "O que preferem fazer primeiro, catar as roupas ou guardar os brinquedos?" Dar uma escolha às crianças, faz com que aprendem a arcar com as conseqüências de suas decisões e com que se sintam exercendo controle sobre a situação.

O principal é tentar controlar suas emoções. Muitos pais valem-se de gritos e maus-tratos aos filhos, quando ficam fartos de suas recusas. Lembre-se: na cabeça de seus filhos, você está interrompendo suas atividades com tarefas que você quer que sejam feitas, mas que eles não querem fazer. Antes de começar a gritar e berrar, dê às crianças um pouquinho mais de tempo para que se motivem. É possível que elas a surpreendam reagindo exatamente da maneira como você queria... talvez uma hora depois do que você gostaria, mas a tarefa será feita!

92
MONITORANDO A "TELINHA"

❧❧❧

As crianças americanas assistem, em média, a quatro horas de televisão por dia. Considerando que a televisão pode exercer uma influência poderosa na construção de valores e no ajuste do comportamento, é uma boa idéia selecionar o que as crianças assistem na televisão.

Há estudos que apontam os efeitos da violência na televisão como responsáveis por fazer com que as crianças e adolescentes fiquem imunes ao horror da violência ou a reconheçam como uma forma de resolver seus problemas. Eles aprendem a imitar a violência que vêem na tevê e quando assistem a programas nos quais a violência é muito realista, freqüentemente repetida e permanece impune, são ainda mais estimulados a imitá-la. A violência na televisão não é a única fonte de comportamento violento nas crianças, mas é um contribuinte expressivo.

Monitore o que seus filhos estão assistindo na televisão. Não confie que um programa de televisão é apropriado para crianças somente por estar na "programação infantil" – ou porque seus amigos deixam os filhos assistirem. Faça uma triagem em todos os programas, antes de deixar que seus filhos sintonizem em qualquer coisa.

Limite o tempo que as crianças passam vendo televisão. Alguns pais deixam que os filhos assistam apenas uma hora por dia ao anoitecer e depois de acabar o dever de casa. Outros permitem somente na parte da manhã, antes da escola. Determine qual a quantidade de tempo apropriada e qual a melhor hora para seus filhos, e não deixe de sentar com eles e conferir o que estão vendo.

Para crianças pequenas que testemunham cenas de violência na tevê, é importante mostrar-lhes a diferença entre televisão e realidade. Mostre que os atores não são machucados ou mortos de verdade, e que uma violência similar na vida real resulta em dor ou morte. Recuse-se veementemente a deixar que seus filhos assistam a programas que você sabe que são violentos, e mude de canal se algo desagradável aparecer enquanto estiverem na sala com você. Desaprove sempre, perante eles, episódios violentos e reforce que comportamentos desse tipo não são boas soluções para os problemas.

Algumas vezes, seus filhos vão lhe implorar para que os deixe assistir a um programa, porque "todos na escola assistem". Se isso acontecer na sua casa, uma boa idéia é entrar em contato com outros pais e discutir a situação com eles. Podem chegar a um acordo para instituir regras similares sobre a proibição de alguns programas.

Por último, a média de tempo para uma criança assistir à televisão deve ser moderada, independentemente do conteúdo da programação. A tevê faz com que deixem de participar de outras atividades, como, por exemplo, ler, brincar com amigos e tomar parte de mais atividades físicas.

93
QUE ABSURDO!

❦❦❦

Responda rápido: o que você faz quando seus filhos falam palavrão? Se você respondeu: "Lavo a boca deles com sabão", errou, mas é a mesma resposta que muitos outros pais deram numa recente pesquisa de opinião pública sobre disciplina, divulgada em uma revista! É possível que essa abordagem, no passado, funcionasse, mas ela reforça o comportamento negativo com o uso de comportamento negativo. Para que um adulto lave a boca de uma criança com sabão, a criança precisa primeiro ser agarrada e o sabão empurrado boca adentro. Isso constitui um golpe baixo de violência. Não apenas por ser abusivo, mas por violar a posição de confiança existente entre pais e filhos.

Podemos fazer qualquer coisa para que as crianças não ouçam palavrões, mas elas vão, eventualmente, ouvir esse tipo de linguagem de outras crianças. Na escola, na rua ou no ônibus as crianças escutam muitas palavras – algumas vezes, bem novinhas – que não gostaríamos que conhecessem. É provável que seus filhos venham a usar essas palavras excitantes e novas na nossa frente – talvez até *para* nós.

Lembre-se de que, como mãe, você é o exemplo que serve de modelo para seu filho, e é sua responsabilidade fixar o padrão. Se ouvir seu filho falar palavrão, fique calma. Explique que essas palavras não são bem-vindas, e que elas podem ferir o sentimento de outras pessoas ao usá-las; da mesma forma que um soco ou pontapé podem machucar alguém, as palavras também podem deixar feridas. Ele precisará saber que, querendo ou não, outras pessoas falam palavrões. Reforce que sua família não apóia o uso de palavras desse tipo.

Crianças na faixa de três ou quatro anos, que xingam, estão apenas imitando a linguagem que escutam em casa, logo é essencial que os pais prestem atenção, o tempo todo, ao que dizem. Muitas vezes, não percebemos que usamos palavrão na frente das crianças, e se isso estiver acontecendo na sua casa é preciso evitar. Crianças escutam *tudo*. Mesmo que você murmure a palavra proibida ou cochiche ao telefone, ainda assim elas a ouvem. Seus filhos têm mais propensão a repetir, se você tentar falar escondido deles. Se você ou seu marido têm problemas para controlar o uso de palavrões, precisam trabalhar juntos a fim de encontrar um meio de parar.

Por último, a coisa que um pai ou uma mãe pode fazer de mais importante é elogiar a criança por fazer ou dizer a coisa certa! Se o palavrão tiver se tornado um problema e sua filha se tocar e se corrigir sozinha, antes de falar o nome feio, não esqueça de dizer o quão orgulhosa está dela. Uma vez que, em todos os aspectos da educação, o reforço positivo é a melhor maneira certa de adquirir o bom comportamento – e de livrar-se do mau.

94
SOZINHOS EM CASA

❦❦❦

Muitos pais têm dificuldade em decidir se devem ou não deixar seus filhos adolescentes sozinhos em casa. Não há uma idade mágica em que, de repente, as crianças desenvolvam a maturidade e o bom senso necessário para ficar sozinhas. Entretanto, há algumas diretrizes que ajudam os pais a determinarem se seus filhos estão, ou não, prontos para ficar em casa sozinhos.

Jovens adolescentes estão fisicamente prontos a ficar em casa sozinhos (ou vir sozinhos da escola para uma casa vazia), quando aprendem a trancar e destrancar portas e janelas. Você precisa ter certeza de que seus filhos sabem identificar situações potencialmente perigosas e se manter a salvo. É uma boa idéia considerar qual a capacidade que eles têm para lhe comunicar o surgimento de algum problema.

Antes de concordar em deixar seu filho adolescente ficar em casa sozinho, mesmo que ele pareça maduro o suficiente para fazer isso, considere alguns outros fatores. Por exemplo, a regulação do tempo deveria ser o maior fator considerado para tomar essa decisão. No caso de sua família estar passando por um período de transição, devido a divórcio, morte, um novo casamento ou mudança, este, provavelmente, não é o melhor momento para começar a deixá-lo sozinho. Além disso, você deve levar em consideração sua vizinhança e sua casa. Ambos estão seguros? Deve certificar-se de que tenha um adulto responsável por perto a quem seu filho possa pedir ajuda. Finalmente, esteja certo de que ele tem todos os números de telefone dos lugares em que você estará, enquanto estiver sozinho.

95

PARA QUE ESTAMOS TREINANDO?

❧❧❧

Há alguns anos, a maioria das crianças não ia para a pré-escola. As mães não trabalhavam fora e tinham todo o tempo do mundo para ensinar os filhos a usarem o banheiro. Hoje em dia, há um rápido crescimento do número de crianças de três e quatro anos que freqüentam a pré-escola, e muitos desses estabelecimentos insistem que as crianças devem largar as fraldas sem que estejam prontas para isso. É um problema para as mães que trabalham fora e que não conseguiram ensinar seus filhos a usarem o banheiro, e para quem fica encarregado da pré-escola e dos programas de creche, como as principais fontes de cuidado infantil.

Abordando o desenvolvimento do treinamento do uso do banheiro, vemos que muitas crianças ficam aptas entre os vinte e quatro e trinta e seis meses de idade. Há três fatores a serem considerados. Primeiro: elas precisam estar fisicamente prontas. Precisam ser capazes de interpretar as sensações físicas que lhes dizem quando precisam ir ao banheiro e ser capazes de "segurar" ou "deixar sair" por vontade própria. Segundo: precisam ter um entendimento cognitivo para compreender que precisam fazer as necessidades no banheiro. Terceiro: precisam estar emocionalmente prontas. As crianças precisam sentir que estão decidindo sobre quando vão usar o banheiro.

Ensine as crianças sobre o corpo delas e como ele funciona... isso ajudará, certamente, com que tomem a iniciativa de aprender a treinar. Quando trocar a fralda das crianças, faça-os ajudar na limpeza. Isso irá prepará-las para quando estiverem fazendo isso sozinhas. Muitos especialistas sugerem fazer treinamento de crianças pequenas no quintal, em um dia quente, e deixá-las sem roupa. Isso ajuda o aprendizado de como o corpo funciona e faz com que elas reconheçam a sensação que vem bem antes de irem ao banheiro. Forneça sempre aos seus filhos informações honestas sobre todas as partes do corpo, incluindo as genitálias, e ensine-os a recorrerem a você sobre qualquer dúvida.

Quando achar que estão prontos, comece a treiná-los a ir ao banheiro em casa, onde a rotina e as atividades da criança são mais previsíveis. Finalmente, se você deseja que o ato de ir ao banheiro se torne familiar e automático, torne mais fácil o uso do banheiro providenciando um degrau, duchas higiênicas e um assento macio no vaso sanitário. E, o mais importante, tenha certeza de que as roupas das crianças são fáceis de serem removidas e vestidas, a fim de evitar acidentes.

É importante que as crianças nunca sejam forçadas, envergonhadas ou manipuladas para usar o banheiro. É seu papel, como mãe, estar pronta para elogiar quando seu pequeno conseguir esperar para ir ao banheiro. E se elas não conseguirem – ou se só conseguirem algumas vezes – não se desespere! Na hora certa e com incentivo, todos acabam aprendendo como ir sozinhos ao banheiro. Seu filho também vai conseguir!

96
RECUPERANDO A INDIVIDUALIDADE DE QUANDO NÃO TINHA FILHOS

❧ ❧ ❧

Você já se pegou pensando que poderia dormir até mais tarde ou passar o dia inteiro fazendo o que bem quisesse, se não estivesse envolvida com a incumbência de levar seus filhos para lá e para cá? Sonha freqüentemente com um fim de semana repleto de conversas ininterruptas com seu marido? Já se pegou refletindo sobre as noites que passava com seus melhores amigos, quando não tinha de se preocupar com a hora de acordar na manhã seguinte?

Se você respondeu sim com entusiasmo para uma ou mais dessas perguntas, é hora de encontrar uma babá ou convocar seus parentes, cunhadas, vizinhos ou amigos... e transformar esses sonhos em realidade. Se você sabe que seus filhos serão bem cuidados enquanto estiver fora, saia para umas miniférias relaxantes e lembre-se de como era a vida antes de seu mundo ter sido virado de cabeça para baixo pelas crianças.

Apesar de muitas pessoas sentirem-se melhor planejando um fim de semana longe dos filhos com antecedência, é melhor que você possa realizar isso de uma hora para outra. O motivo é que uma vez que você escolha uma noite ou um fim de semana e insira no calendário da família, algo de errado pode vir a acontecer. É possível que seja uma criança doente, uma reunião de família obrigatória ou uma festa no trabalho do seu marido. Alguma coisa pode estragar seus planos e fazer com que você os remarque. Lembra quando não tinha filhos? Você nunca precisava planejar um fim de semana fora com antecedência. Um fim de semana fora espontâneo – uma idéia lançada numa quinta-feira à noite e realizada na sexta-feira à tarde – fará com que seja bem mais excitante!

Atualmente, viagens relâmpago são ainda mais fáceis com a Internet bem nas pontas dos dedos. Você pode entrar em um site que ofereça tarifas aéreas baratas ou hotéis com preços razoáveis e reservar um belo lugar em cima da hora. Ou você nem precisa ir longe... Em vez disso, dirija-se para o hotel de luxo mais próximo de sua casa e faça esse mimo a si mesma, com um fim de semana "dentro"! Muitos hotéis oferecem pacotes de fim de semana que incluem serviços de spa, café da manhã na cama e entretenimentos noturnos para que os casais possam usufruir alguns momentos revigorantes fora... Apenas a alguns quilômetros de casa.

Você deve isso a si mesma... E aos seus filhos... Rejuvenesça sua alma e recupere a individualidade de quando não tinha filhos. Reviva os dias em que passava fazendo compras, jogando golfe ou dançando até altas horas da madrugada. Ou, simplesmente, fique na cama o dia inteiro e peça o serviço de quarto. Em qualquer um dos dois casos, você voltará sentindo-se relaxada, recuperada e rejuvenescida. Além do mais, terá a oportunidade de sentir saudades das suas maravilhosas crianças!

97

ASSIM É A VIZINHANÇA

❧❧❧

Quaisquer que sejam as razões da mudança, o impacto em sua família pode ser grande. É por isso que é importante que os pais tenham um tempo para ajudarem seus filhos a se adaptarem às mudanças que acontecem na família. Deixar para trás as pessoas das quais gostamos pode ser a pior coisa do mundo. É essencial que os pais percebam os sentimentos das crianças e lhes dêem a oportunidade de fazerem o que precisam para se despedir.

Uma boa idéia que os pais podem usar para diminuir a tristeza que os filhos possam sentir, devido a uma mudança iminente, é garantindo que eles não estão perdendo os amigos antigos. Tente fazer planos para que seus filhos mantenham contato com eles tanto quanto possível. Ajude-os a fazerem cartões de aviso de mudança, fornecendo o endereço eletrônico e o número do telefone. Planeje visitas especiais dos amigos na nova casa, logo depois da mudança.

Os pais podem ajudar os filhos a se adaptarem a uma

mudança, partilhando com eles o máximo de informações possível e avisando quando ela acontecerá e como será a nova vizinhança. Se possível, visitar a nova casa e buscar uma oportunidade de encontrar os novos vizinhos. Se estiverem indo para o outro lado do país, leve uma câmara de vídeo quando for visitar o novo lugar e filme sua casa e a vizinhança para mostrar aos seus filhos.

Mantenha um humor excelente antes da mudança. Trate da experiência como uma aventura. Não se concentre no que está deixando para trás. Em vez disso, fale de todas as coisas excitantes que vocês poderão fazer na nova vizinhança. Conte sobre a nova escola, a grande pizzaria da vizinhança, ou a piscina e o parquinho do clube local. Qualquer coisa que deixe seus filhos excitados com a mudança facilitará a transição.

Finalmente, envolva as crianças na mudança! Deixe que escolham a cor do quarto da casa nova e permita que ajudem a arrumar os novos móveis. Antes de se mudarem, recrute-as como empacotadoras: forneça trabalhos fáceis, como numerar ou prender etiquetas nas caixas.

Preste atenção para não fazer pouco caso do impacto que a mudança pode causar em seus filhos, e dê um tempo para que se acostumem com as novidades que estão ocorrendo na sua família. As crianças precisam sentir que têm algum controle sobre suas vidas – especialmente num momento em que as coisas estão para mudar.

98
VENCENDO A MANIA DE CHORAMINGAR

✦✦✦

Os anos da choradeira acabarão, provavelmente, após o longo período em que seu filho for pequeno demais para falar! Há diversos motivos para que as crianças choraminguem. Para algumas, choramingar é uma forma de conseguir as coisas. Para outras, é um pedido de ajuda e uma necessidade de atenção. Outras crianças choramingam porque seus amigos choramingam. Existem meios para fazer com que seu filho pare de choramingar. Como sempre, seja firme em seu comportamento e compreenda que todas as crianças choramingam uma hora ou outra.

Uma maneira eficaz para fazer seu filho parar de choramingar é fingir que não escuta nada do que ele diz, enquanto está falando com voz chorosa. Por exemplo, se seu filho faz manha porque quer ir à casa de um amigo, responda dizendo: "Tem alguém falando? Escutei um barulho, mas não escuto nenhuma palavra normal."

Quando seu filho estiver choramingando, leve-o para um

quarto calmo e peça que escute o som que está emitindo. Mostre as modulações do seu choro e, então, peça que repita o pedido em sua "voz normal". Isso funciona – e às vezes é engraçado – para uma criança que a princípio nem percebe que está choramingando.

Muitos especialistas acreditam que a manha ocorre quando as crianças se sentem impotentes. Se você ficar atenta e promover seu controle, irá ajudá-los a refrear as manhas que geralmente acontecem no transcorrer do dia. Se seu filho sempre fizer manha nos treinos de esporte de seu irmão, diga a ele: "Eu sei que você fica chateado, mas se você não choramingar desta vez vou deixar que escolha o restaurante esta noite."

Além do mais, para "não ficar batendo na mesma tecla", faça do "não choramingar" uma regra em sua casa. As crianças vão compreender o que se espera delas (e o que não se espera), desde o começo.

99
NÃO OS SUBORNE, OFEREÇA RECOMPENSAS

❧❧❧

Quando os pais conversam com outros pais sobre suborno, isso, normalmente, não significa de jeito algum "suborno". É tudo uma questão de lingüística. Sempre usamos a palavra "suborno" quando falamos o que fazemos para convencer nossos filhos a fazerem alguma coisa. Mas, na realidade, a palavra deveria ser "recompensa".

Suborno significa coagir alguém a fazer alguma coisa que é errado. Não se deve jamais subornar uma criança para que faça algo errado, ilegal ou impróprio para sua idade. Suborno, dito dessa forma, não pode estar presente na paternidade ou maternidade.

Recompensas, por outro lado, são utilizadas para induzir crianças a agirem de forma apropriada. As recompensas podem ser planejadas ou espontâneas, morais ou físicas. Os pais podem usar recompensas para ensinar e reforçar um bom comportamento. Se seu filho agir excepcionalmente bem em uma situação chata ou difícil, elogie-o. Diga-lhe o quanto você apreciou um comportamento tão exemplar. Agindo assim ou dando beijos e abraços, você está oferecendo a ele uma recompensa moral positiva e ajudando-o a reforçar seu bom comportamento.

Se seu filho está com mania de ficar enrolando, todas as vezes que você precisa que ele tenha um bom comportamento, você deve passar a desenvolver o sistema de recompensa: "Vou lhe dar uma moeda se você brincar direitinho com seus brinquedos, enquanto corto meu cabelo." Essa é uma recompensa física – algumas vezes você pode oferecer diversas recompensas seguidas, com a intenção de melhorar o comportamento da criança. Após diversas semanas, se ela ainda estiver se comportando mal no salão de beleza, você saberá que o sistema de recompensas falhou e que deve procurar outro método.

Seja cautelosa ao aplicar o método de recompensas – especialmente, se você se pegar dando recompensas físicas às crianças sempre que agirem como devem. Quando isso acontece, está tudo errado com a relação. Você, provavelmente, sem perceber, está com medo de que se não der um prêmio, seu filho aja mal de propósito. É hora de parar rápido com as regalias relacionadas ao bom comportamento.

As crianças precisam aprender a agir sem ficar dependentes de presentes. Se você deixar claro o que espera e depois fizer um comentário positivo pelo bom comportamento, terá um grande sistema que vai funcionar maravilhosamente!

100

CONCENTRE-SE NO FUTURO

~~~

Os pais sonham com o futuro de seus filhos. Desejam que cresçam felizes, saudáveis e que obtenham sucesso pessoal. Anseiam pelo dia em que acabarão a faculdade, se casarão e terão seus próprios filhos. Todos querem o melhor para seus filhos – por isso, é bom começar agora a preparar sua família para o futuro.

Antes que perceba, seu primeiro bebê terá três meses. Depois doze meses e de repente terá três anos, e você terá outro. Constituir uma família pode ser uma das experiências mais recompensadoras e desafiadoras da vida e, não importa como você viva, todas passam muito rápido. Criar estabilidade na vida, para passar um tempo de qualidade com sua família, deve ser sua maior prioridade.

Considere sua família como um processo de trabalho que você administra para o futuro. Ela está sempre crescendo, sempre aprendendo. É lógico que uma das maiores prioridades é preparar o futuro financeiro de sua família. Uma vez que isso esteja resolvido, certifique-se de investir inteligentemente e sempre com as melhores intenções no coração. Comece a economizar para a faculdade dos seus filhos no momento em que nascerem e incentive-os a economizar para que, quando forem mais velhos, entendam o valor do dinheiro.

Mas o futuro da sua família não pode ser construído apenas com dinheiro. Ele é certamente importante – mas não é a coisa mais importante. Felicidade, saúde, compaixão, amor e conhecimento são alguns itens que contribuem para o crescimento da família. Compreenda que não é possível guiar a família para o futuro sem cuidar do passado e do presente dela. Quem você é e o que você foi ajudarão a modelar a família que você formará.

Documente tudo no percurso. Crie um álbum de recortes e coloque fotos, avisos de nascimentos, relatórios, retratos de família, cortes de cabelo... e todas as partes da história da família que você quer preservar. Guarde esses álbuns em caixas à prova de fogo, para ter certeza de que estarão seguros para sempre. Pesquise sobre a história de sua família com as crianças – na Internet ou biblioteca – e explique para elas quem foi cada pessoa e qual a ligação de vocês com elas.

Leia para seus filhos – e leia sempre para eles! Incentive-os a desenvolver a criatividade escrevendo seus próprios livros de história.

Sente no chão e brinque com as crianças. Ignore sua dor nas costas e o joelho inchado, e apenas brinque!

Tente não perder os jogos de futebol delas, suas apresentações de dança ou passeios da escola.

Mande mensagens nas suas lancheiras ou deixe recados nos travesseiros à noite. E não pare – mesmo quando estiverem na adolescência.

Você não pode voltar atrás. Sem perceber, seus filhos estarão saindo de casa, e você se encontrará com saudades daqueles dias agitados, quando eles eram pequenos e enchiam os cômodos com barulho e riso, nos fins de semana. Tudo que você tem é o presente, logo aproveite-o da melhor maneira possível, para não privar seus filhos de alguma coisa. Passe o maior tempo disponível com eles, e juntos poderão construir uma existência de amor e experiências familiares que perpetuarão.

Este livro foi impresso na Editora JPA Ltda.,
Av. Brasil, 10.600 – Rio de Janeiro – RJ,
para a Editora Rocco Ltda.